베네딕트의 규칙서

베네딕트의 규칙서

초판 발행_2011년 8월 11일
초판 2쇄_2024년 2월 11일

지은이_ 누르시아의 베네딕트
옮긴이_권혁일 · 김재현
펴낸이_손영란
편집_이효원 · 한희경
디자인_박송화 · 조유영

펴낸곳_키아츠
주소_서울시 도봉구 마들로 624, 302호
전화_(02)766-2019 팩스_(0505)116-2019
홈페이지_www.kiats.org 이메일_kiatspress@naver.com
블로그_blog.naver.com/kiatspress
페이스북_www.facebook.com/kiatspress
ISBN_978-89-93447-39-2 (04230)

* 본 출판물의 저작권은 키아츠에 있습니다.
* 무단 전재와 복재를 금합니다.

베네딕트의 규칙서

누르시아의 베네딕트

글의 순서

베네딕트의 규칙서 / 7

깊은 이해를 돕는 글 / 130

참고문헌 / 145

도표로 본 성무일도 / 148

베네딕트의 규칙서

◆일러두기◆

《베네딕트 규칙서》에 나오는 시편의 장 구분은 마소라 사본(MT)이 아닌 칠십인역(LXX)의 구분을 따르고 있다. 그래서 필요한 경우 마소라 사본 전통을 따르는 한글개역개정판의 장 번호를 [ ] 안에 삽입하였다.

서론

제1장 수도사의 종류

제2장 수도원장의 자질

제3장 조언을 얻기 위해 형제들을 소집함

제4장 선한 일을 위한 도구들

제5장 순종

제6장 금언禁言

제7장 겸손

제8장 야간 성무일도聖務日禱

제9장 [겨울철] 야간 성무일도에 바칠 시편송의 수

제10장 여름철 야간 성무일도의 순서

제11장 주일 야간기도Vigils의 집전

제12장 주일 새벽기도Lauds의 집전

제13장 평일 새벽기도Lauds의 집전

제14장 성인들의 축일에의 야간기도Vigils 집전

제15장 알렐루야Alleluia를 암송하는 때

제16장 주간 성무일도의 집전

제17장 각 시간 전례에 낭송해야 하는 시편송의 수

제18장 찬송의 순서

제19장 찬송 훈련
제20장 기도할 때의 경외심
제21장 수도원의 주임들 Deans
제22장 수도사들의 취침 배열
제23장 죄로 인한 파문破門
제24장 파문의 방식
제25장 중대한 죄
제26장 파문을 당한 자들과의 허가 받지 않은 교제
제27장 파문을 당한 자들에 대한 수도원장의 돌봄
제28장 잦은 책벌에도 불구하고 교정을 거부한 자들
제29장 수도원을 떠난 형제들의 재입회
제30장 소년들을 책벌하는 방식
제31장 수도원 살림책임자 Cellararius(당가當家)의 자격
제32장 수도원의 도구들과 물품들
제33장 수도사의 사적 소유권
제34장 필요에 따른 물품의 분배
제35장 주간의 주방봉사자들
제36장 병든 형제들

제37장 연장자와 연소자

제38장 주간 독서자

제39장 음식의 적절한 양

제40장 음료의 적절한 양

제41장 형제들의 식사 시간

제42장 마지막기도 Compline(종도終禱) 후의 침묵

제43장 '하나님의 일' Opus Dei이나 식사에 늦음

제44장 파문에 의한 보속

제45장 예배실에서의 실수들

제46장 다른 일로 인한 잘못들

제47장 '하나님의 일'을 위한 시각의 공표

제48장 매일의 육체노동

제49장 사순절 Lent의 준수

제50장 먼 곳에서 일하거나 여행 중에 있는 형제들

제51장 짧은 여행 중에 있는 형제들

제52장 수도원의 예배실

제53장 손님의 영접

제54장 수도사를 위한 편지나 선물

제55장 형제들의 옷과 신발

제56장 수도원장의 식탁

제57장 수도원의 장인匠人들

제58장 형제들의 입회절차入會節次

제59장 귀족들이나 가난한 자들이 아들을 봉헌함

제60장 사제Priest의 수도원 입회

제61장 방문한 수도사들의 영접

제62장 수도원의 사제들

제63장 공동체 서열

제64장 수도원장의 선출

제65장 수도원의 원장들

제66장 수도원의 문지기

제67장 여행 중에 있는 형제들

제68장 형제에게 부과된 불가능한 직무

제69장 수도원에서 다른 사람을 변호하는 주제넘음

제70장 자기 마음대로 다른 수도사를 체벌하는 주제넘음

제71장 상호 순종

제72장 수도사들의 선한 열정

제73장 이 규칙은 온전함을 향해 가는 시작에 불과함

규칙서

서론

[1]들으라, 나의 아들아, 네 스승의 가르침들을. 그리고 그것들에 대해 마음의 귀를 열어 주의를 기울여라. 이것은 너를 사랑하는 아버지의 권고이다. 그러므로 이를 기꺼이 받아들이고, 신실하게 실행에 옮겨라. [2]순종의 노고는 불순종의 태만 속에서 표류하고 있는 너를 다시 그분에게로 돌이킬 것이다. [3]만일 네가 네 의지를 완전히 그리고 단번에 포기할 준비가 되어 있다면, 그리고 진정한 왕이신 주님 그리스도를 위한 전투에 임하기 위해 순종이라는 강하고 빛나는 무기로 무장했다면, 나의 말은 너를 위한 것이 될 것이다.

[4]무엇보다도 선한 일을 시작할 때마다 너는 주님께서 그 일을 완성하시도록 그분께 아주 간절히 기도해야만

한다. ⁵그분은 선하셔서 이미 우리를 당신의 자녀로 인정하셨다. 그러므로 우리는 악한 행실로 그분을 슬프게 해서는 결코 안 된다. ⁶우리는 우리 안에 있는 그분의 선한 은사로 언제든지 그분에게 순종해야만 한다. 그러면 그분은 결코 자신의 자녀에게 유산을 상속하지 않는 진노하는 아버지가 되지 않으실 것이며, ⁷또는 우리의 죄 때문에 분노하여 우리를 쓸모 없는 종으로 여기고 - 왜냐하면 우리가 그분을 영광에까지 따르기를 거부하였기 때문이다 - 영원히 징계하는 엄한 주인이 되지 않으실 것이다. ⁸성경이 "자다가 깰 때가 벌써 되었으니"롬 13:11라고 말하며 우리를 깨우니, 이제 일어나자. ⁹하나님에게서 오는 빛을 향해 우리의 눈을 뜨자. 그리고 매일 우리를 다음과 같은 책무로 부르시는 하늘의 음성에 귀를 열자. ¹⁰"너희가 오늘 그의 음성을 듣거든, 너희 마음을 완악하게 하지 말라"시 95:7-8. ¹¹그리고 또 "귀 있는 자는 성령이 교회들에게 하시는 말씀을 들으라"계 2:7. ¹²그분이 무엇이라고 말씀하셨는가? "아들들아 와서 내 말을 들으라 내가 주님을 경외하는 법을 너희에게 가르치리로다" 시 34:11. ¹³"생명의 빛이 있을 동안에 다녀 죽음의 어둠이 너희를 붙잡지 않게 하라"요 12:35.

¹⁴무리 가운데서 일꾼을 찾으시면서 주님은 그를 불러 다시 목소리를 높이셨다. ¹⁵"생명을 사모하고 좋은 날들을 보기를 원하는 사람이 누구냐?"시 34:12. ¹⁶만일 네가 이 음성을 듣고 "제가 하겠습니다."라고 대답한다면 하나님께서는 다음과 같은 말씀으로 너를 지도하실 것이다. ¹⁷만일 네가 참되고도 영원한 삶을 원한다면, "네 혀를 악에서 그리고 네 입술을 모든 거짓에서 지키라 악을 떠나고 선을 행하며 화평을 찾아 따르라"시 34:13-14. ¹⁸일단 네가 이렇게 한다면, "내 눈이 네 위에 있으며 내 귀가 너의 기도를 들을 것이라. 심지어 네가 부르짖기 전에 '내가 여기 있다'고 말하리라"사 58:9참조. ¹⁹사랑하는 형제들아, 주님께서 우리를 부르시는 이 소리보다 무엇이 더 기쁘겠는가? ²⁰주님께서 당신의 사랑 속에서 우리에게 보여주시는 생명의 길을 보아라! ²¹선한 일을 행하고 믿음으로써 옷을 입고 복음의 안내를 받으며 이 길을 떠나자. 그러면 우리는 "우리를 당신의 나라로 부르시는 하나님"살전 2:12을 보기에 합당해질 것이다.

²²만일 우리가 그 나라의 장막에 거하길 원한다면 선한 행실을 함으로써 달음질해야한다. 그렇지 않다면 우리는 결코 그 나라에 다다르지 못할 것이다. ²³그러나 [다

음과 같이 말한] 선지자와 함께 주님께 여쭤보자. "주님 주의 장막에 머무를 자 누구오며 주의 성산에 사는 자 누구오니이까?"시 15:1. [24]형제들아, 주님께서는 우리에게 그분의 장막에 이르는 길을 보여주시는 분이시니, 이렇게 질문한 후에 주님께서 무엇이라고 대답하시는지 잘 들어보자. [25]그가 말씀 하시기를 "정직하게 행하며 공의를 실천하는 자, [26]그의 마음에 진실을 말하며 그의 혀로 남을 속이지 아니하는 자, [27]그의 이웃에게 결코 악을 행하지 아니하며 그의 이웃을 비방하지 아니하는 자"시 15:2-3, [28]악한 자, 즉 사단과 사단의 유혹을 마음의 눈에서 멀리 쫓아냄으로써 언제나 사단을 물리쳐온 자, 그리고 이러한 유혹이 아직 미미한 동안에도 그것들을 붙잡아 그리스도 위에 메어치는 자시 137:9, [29]이런 사람들은 주님을 두려워하며, 그들의 선한 행실로 자만하지 않는다. 왜냐하면 그들은 자신들 안에 선을 불러일으킨 것이 자신의 능력이 아니라 주님의 능력임을 알기 때문이다. [30]그들은 자신들 안에서 역사하시는 주님을 찬양하며, 선지자와 함께 이렇게 고백한다. "여호와여 영광을 우리에게 돌리지 마옵소서 우리에게 돌리지 마옵소서 주의 이름에만 영광을 돌리소서"시 115:1. [31]바로 이런 식으로 사도 바울은 자신이 설교로 인해 칭

찬 받는 것을 거부했다. 그는 "내가 나 된 것은 하나님의 은혜로 된 것이니"고전 15:10라고 고백했다. ³²그는 다시 "자랑하는 자는 주 안에서 자랑할지니라"고후 10:17고 말했다. ³³이것이 바로 주님께서 복음서에서 다음과 같이 말한 이유이다. "누구든지 나의 이 말을 듣고 그대로 행하는 자는 그 집을 반석 위에 지은 지혜로운 사람 같으리니, ³⁴비가 내리고 창수가 나고 바람이 불어 그 집에 부딪치되 무너지지 아니하나니 이는 주추를 반석 위에 놓은 까닭이요"마 7:24-25. ³⁵따라서 주님께서는, 우리가 이와 같은 그분의 거룩한 가르침을 마땅히 행동으로 옮기기를 매일 기다리신다. ³⁶그러므로 우리의 수명은 우리가 스스로의 그릇된 행실을 교정할 수 있도록 하기 위해 연장되어 왔다. 즉 유예 기간이 주어졌다. ³⁷그래서 사도 바울은 "하나님의 인자하심이 너를 인도하여 회개하게 하심을 아느냐?"롬 2:4라고 했다. ³⁸그리고 주님께서는 그의 사랑 가운데서 다음과 같이 우리에게 확증하셨다. "나는 악인이 죽는 것을 기뻐하지 아니하고 악인이 그의 길에서 돌이켜 떠나 사는 것을 기뻐하노라"겔 33:11.

³⁹형제들아, 이제까지 우리는 누가 그분의 장막에 거하게 되는지 주님께 여쭤왔고, 그 안에 거하기 위한 가르

침을 들어왔다. 그러나 그것은 우리가 그곳에 거하는 사람의 책무를 이행할 때에 한해서다. [40]이제 우리는 그분의 가르침을 따르는 거룩한 순종이라는 전투를 수행하기 위해sanctae... oboedientiae militanda 몸과 마음을 준비해야만 한다. [41]선천적으로 우리에게 불가능한 것은 무엇인가? 그분의 은혜로써 우리를 도와달라고 주님께 간구하자. [42]우리가 지옥의 고통을 피하고, 영생에 이르기를 원한다면, [43]아직 시간이 남아 있는 지금, 즉 우리가 육체 가운데 있고, 생명의 빛에 의해 이 모든 것들을 성취할 수 있는 시간이 남아 있는 지금, [44]우리는 달음질해야만 하고, 우리에게 영원히 유익할 일들을 해야 한다.

[45]그러므로 우리는 주님을 섬기기 위한 '학교Schola'를 설립하고자 한다. [46]이 학교의 규정을 정할 때, 우리는 가혹하거나 부담스러운 것은 그 어느 것도 세우길 원하지 않는다. [47]그러나 만일 정당한 이유에서 우리의 잘못을 교정하거나 사랑을 지키게 해주도록 약간 엄격한 것이 나온다고 해도 [48]두려움으로 조급히 겁먹지 말고, 구원으로 이끄는 길로부터 도망치지 말라. 입구는 협소하기 마련이다. [49]그러나 우리가 이러한 생명의 길과 믿음에서 전진할 때, 우리 마음이 사랑으로 인해 표현할 수 없

는 기쁨으로 흘러 넘쳐, 하나님의 명령이라는 길을 달려가게 될 것이다. [50]그분의 가르침으로부터 결코 돌아서지 않을 때, 죽을 때까지 신실하게 수도원에서 그분의 가르침을 준행할 때, 비로소 우리는 인내를 통해 그분의 나라에 들어갈 수 있도록 우리를 합당하게 하는 그리스도의 고난에 동참할 수 있을 것이다. 아멘.

이것은 순종하는 자들의 삶을 규정規整하기 때문에
규칙이라 불린다.

제1장 수도사의 종류

¹수도사의 종류에는 확실하게 네 가지가 있다. ²첫 번째, 공동생활 수도사Genus coenobitarum, 즉 수도원에 소속되어 [수도원의] 규칙과 수도원장의 지도 아래에서 섬기는 자들이다.

³둘째, 은둔수도사Genus anachoritarum 또는 은자隱者가 있다. 이들은 수도원에서 오랫동안 살면서 연단을 견뎌온 사람들이며, 수도생활에 대한 처음의 열정을 초월한 사람들이다. ⁴많은 사람들의 도움과 안내 덕택으로, 그들은 지금 사단에 대항해서 싸우는 훈련을 받고 있다. ⁵그들은 힘을 길러, 형제들과 함께 싸우던 전선戰線에서 홀로 싸우

규칙서 • 21

는 사막이라는 전장戰場으로 나아간다. 그들은 이제 홀로 다른 사람들의 도움 없이, 오직 하나님의 도우심만으로 육체와 마음의 악과 싸울 준비가 되어 있다.

⁶셋째, 가장 혐오스러운 부류인 외인外人수도사Genus sarabaitarum가 있다. 그들은 금이 풀무에서 연단되는 것처럼잠 27:21 자신들을 연단할 규정도, 자신들을 인도할 경험도 없이 납과 같이 무른 성품을 가지고 있다. ⁷그들은 행동으로는 여전히 세상에 충성하면서, 삭발한 것으로 [자신들이 하나님께 충성하고 있다고] 하나님께 명백하게 거짓말을 한다. ⁸그들은 두셋이, 혹은 심지어 혼자서 목자 없이 들판에 울타리를 치고 주님의 양우리가 아닌 자신들의 양우리에 스스로를 가둔다. 그들의 법은 자신들의 욕망을 자극하는 것, 즉 무엇이든지 그들이 하고 싶어 하는 것을 근거로 한다. ⁹그들은 자신들이 믿고 선택하는 것은 무엇이든 거룩하다고 한다. 반면 자신이 싫어하는 것은 무엇이나 금지해야 할 것으로 여긴다.

¹⁰네 번째로는 떠돌이수도사Genus gyrovagum가 있다. 그들은 각기 다른 수도원에서 사나흘씩 손님으로 체류하면서 자신들의 온 생애를 이곳저곳을 떠돌면서 허비한다. ¹¹그들은 항상 이동하며 결코 정착하지 않는다. 그들은 자기

의지와 역겨운 욕구의 노예들이다. 그들은 모든 면에서 외인수도사보다 질이 더 좋지 않다.

¹²때문에 그들의 수치스러운 삶의 방식과 이 모든 것에 대해 얘기하느니 차라리 침묵을 지키는 것이 낫다. ¹³그러므로 그들에 대해 왈가왈부하지 말고 주님의 도우심에 힘입어 [네 부류 중에서] 가장 강력한 수도사인 공동생활 수도사를 위한 규정을 세워보기로 하자.

제2장 수도원장의 자질

¹수도원장Abbas은 수도원을 다스리는 직무에 합당하도록 항상 자신의 직함이 무엇을 의미하는지 기억하고, 상급자답게 행동해야만 한다. ²수도원장은 그리스도라는 칭호로 불리기 때문에 수도원에서 그리스도의 대리자라 할 수 있다. ³이것은 사도 바울이 "너희는 양자의 영을 받았으므로 우리가 아빠Abba 아버지라고 부르짖느니라" 롬 8:15라고 지적한 것과 같다. ⁴그러므로 수도원장은 결코 주님의 교훈에서 벗어난 것을 가르치거나, 결정하거나, 명령해서는 안 된다. ⁵이에 반해 그가 가르치고 명령한 모든 것은 하나님의 공의로운 누룩처럼 제자들의 마음에

스며들어야 한다.

⁶수도원장은 하나님의 엄위하신 심판 앞에서 자신의 가르침뿐만 아니라 제자들의 순종도 면밀히 조사를 받게 될 것이라는 사실을 항상 기억하게 하라. ⁷그러므로 수도원장은 양이 아무런 소득도 내지 못한 것을 주인이 알게 되면 목동이 비난을 면치 못할 것이라는 사실을 자각해야 한다. ⁸하지만 만일 그가 고집스러우며 복종하지 않는 양떼들을 충실하게 돌보며, 그늘의 바르지 못한 행동을 고치기 위해 항상 고군분투한다면, 비난 받지는 않을 것이다. ⁹그는 주님의 심판 앞에서 무죄를 선고 받을 것이다. 그러면 그는 "내가 주의 공의를 내 심중에 숨기지 아니하고 주의 성실과 공의를 선포하였으나"시 40:10, "그들이 나를 멸시하고 거역하였도다"사 1:2라고 한 선지자처럼 주님께 말할 수 있다. ¹⁰그리고 마침내 그가 돌보는 것을 거부했던 양은 사망의 가공할 위력에 의해 처벌받게 될 것이다.

¹¹더욱이 수도원장의 칭호를 받는 사람은 누구나 제자들을 다음의 두 가지 방식으로 가르치면서 인도해야 한다. ¹²그는 제자들에게 선하고 거룩한 모든 것들을 말보다는 행실로 보여주어야 한다. [가르침을] 잘 받아들이는

제자들에게는 말로써 주님의 명령을 알려주고, 고집스럽거나 어리석은 제자들에게는 삶의 모범으로 하나님의 교훈을 증명해 보여야 한다. [13]만약 수도원장이 제자들에게 해서는 안 되는 무언가를 가르친다면, "남에게 전파한 후에 자신이 도리어 버림을 받지 않기 위해서"고전 9:27 그도 그것을 해서는 안 된다. [14]그리고 [만약에 그가 그 해서는 안되는 일을 행한다면] 하나님께서 어느 날 죄 가운데 있는 그에게 다음과 같이 말씀하실 것이다. "네가 어찌하여 교훈을 미워하고 내 말을 뒤로 던지면서 내 의로운 율례를 전하며 내 언약을 네 입에 두느냐?"시 50:16-17 [15]또한 이렇게 말씀하실 것이다. "어찌하여 형제의 눈 속에 있는 티는 보고 네 눈 속에 있는 들보는 깨닫지 못하느냐?"마 7:3

[16]수도원장은 수도원에서 편애를 해서는 안 된다. [17]어떤 사람이 선한 행실이나 순종에 있어서 탁월한 경우를 제외하고는, 어느 한 사람을 다른 사람보다 더 사랑해서는 안 된다. [18]몇 가지 타당한 이유 외에는 노예 출신의 수도사보다 자유인으로 태어난 사람에게 더 높은 서열이 주어져서는 안 된다. [19]그러나 정당한 요구에 의해 어떤 사람의 서열을 바꾸는 것이 적합하다고 판단되면, 수도

원장 마음대로 그렇게 할 수 있다. 일상적으로 모든 사람은 자신의 정해진 위치를 지켜야만 한다. [20]왜냐하면 "종이나 자유인이나 우리는 모두 다 그리스도 안에서 하나이며"갈 3:28, 주님 한 분을 섬기는 일을 똑같이 담당하고 있기 때문이다. "하나님께서는 외모로 사람을 취하지 아니하신다"롬 2:11. [21]그분의 관점에서 우리는 오직 선한 행실과 겸손에 있어서 다른 사람들보다 뛰어날 때만 구별된다. [22]그러므로 수도원장은 모든 사람에게 동일한 사랑을 주어야 하며, 그들의 장점에 따라 모든 사람에게 여일한 규칙을 적용해야 한다.

[23]또한 가르칠 때 수도원장은 항상 "경책하며 경계하며 권하라"딤후 4:2고 한 사도 바울의 권고를 따라야만 한다. [24]이것은 그가 채찍과 당근을 번갈아 사용하면서, 상황에 따라 다양한 방법으로 [가르쳐야] 함을 의미한다. 때로는 감독으로서 엄격해야 하며, 때로는 오직 아버지만이 할 수 있는 헌신적이며 부드러운 태도를 보여야 한다. [25]훈련을 받지 않았거나 안절부절못하는 사람에게는 단호한 주장을 앞세워야 한다. 그러나 순종적이거나 유순하고 참을성이 있는 사람들은 보다 큰 덕으로 나아가도록 권고해야 한다. 그러나 태만하고 멸시하는 사람들의

경우에는 견책이나 책망을 통해 지시해야한다. ²⁶그는 잘못을 저지른 사람들의 죄를 간과하고 넘어가서는 안 된다. 그는 실로의 제사장이었던 엘리의 운명을 기억하면서^{삼상 2:11-4:18} 죄의 싹이 움트자마자 그 죄를 잘라내야 한다. ²⁷강직하고 통찰력 있는 사람들에게는 첫 번째와 두 번째까지는 구두로 주의를 주어야 한다. ²⁸그러나 악하고 고집스럽거나 교만하며 순종하기를 거부하는 사람들은 처음 위반했을 때부터 매를 때리거나 다른 육체적인 체벌로 제어할 수 있다. 성경에는 "어리석은 자는 말로는 고쳐지지 아니하나니"^{잠 29:19}, ²⁹그리고 "너의 아들을 몽둥이로 때리라. 그러면 그의 영혼을 죽음에서 구원하리라"^{잠 23:14}고 기록되어 있다.

³⁰수도원장은 항상 자신이 누구인지, 그가 무엇 때문에 부름을 받았는지를 기억해야만 하고, 그분이 더 많이 맡긴 자에게는 더 많은 것을 기대한다는 사실을 자각해야만 한다. ³¹그는 자신의 직무, 즉 영혼을 지도하고, 다양한 기질의 사람들을 섬기고, 그들 각각에게 적절하게 경책하고, 경계하고, 권면하는 것이 얼마나 어렵고 부담스러운 일인지 알아야만 한다. ³²그는 또한 수도사 각각의 성품이나 지적 능력에 자기 자신을 맞추고 잘 적응시켜

서, 그가 돌보도록 맡겨진 양떼들이 줄어들지 않도록 해야 할 뿐만 아니라 좋은 양들이 늘어나는 것을 즐거워해야 할 것이다.

³³무엇보다 그는 자신에게 맡겨진 사람들의 복지를 무시하거나 가볍게 취급하면서, 이 세상의 덧없고 일시적인 것들에 대해 지나친 관심을 보여서는 안 된다. ³⁴오히려 그는 그가 영혼들을 돌보는 책무를 맡았으며, [심판 날에 그들을 위해 주님께] 해명해야 한다는 사실을 항상 마음속에 간직하고 있어야 한다. ³⁵그는 [수도원에서 쓸] 재료가 부족한 것을 변명하지 않아야 한다. 그는 "너희는 먼저 그의 나라와 그의 의를 구하라 그리하면 이 모든 것을 너희에게 더하시리라"마 6:33는 말씀을, ³⁶그리고 "그를 경외하는 자는 부족함이 없으리로다"시 34:10는 말씀을 기억해야 한다.

³⁷수도원장은 영혼에 대한 책임을 맡은 사람은 누구나 그들을 위해 해명할 수 있는 준비가 되어 있어야 한다는 사실을 알아야 한다. ³⁸돌보도록 맡겨진 형제의 수가 몇 명이든지, 수도원장으로 하여금 심판 날에 자신의 영혼은 물론 맡겨진 이들의 영혼들을 위해 주님께 해명해야 한다는 것을 깨닫게 하라. ³⁹이렇게 목자가 자신에게 맡

겨진 양들에 대해 미래에 조사를 받게 된다는 것을 항상 두려워하고 다른 이들을 위해 해명할 말에 주의를 기울이는 동안, 그는 자신에 대한 해명의 말에도 관심을 갖게 된다. [40]그리고 경고를 통해 다른 사람들이 [잘못을] 교정할 수 있도록 돕는 동안, 그는 자신의 잘못도 교정하게 된다.

제3장 조언을 얻기 위해 형제들을 소집함

[1]수도원에서 중요한 일을 해야 할 때마다, 수도원장은 공동체의 모든 형제들을 소집해서 직접 그 사안에 대해 설명해야 한다. [2]그리고 형제들의 조언을 들은 후, 수도원장이 그것에 대해 깊이 생각하고, 보다 현명한 길이라고 판단을 내린 것을 따르게 하라. [3]조언을 듣기 위해 모든 형제들을 소집해야 한다고 말하는 이유는 종종 주님께서는 보다 젊은 사람들에게 훨씬 좋은 것을 나타내시기 때문이다. [4]한편 형제들은 자신의 의견을 매우 겸손하게 표현하되, 자신의 관점을 고집스럽게 방어하지 말아야 한다. [5]결정은 오히려 수도원장에게 달려 있다. 그러므로 그가 무엇이 보다 유익한 것인지 결정했을 때에 모

든 사람은 이를 따라야 한다. ⁶그러나 제자들이 스승에게 순종하는 것이 마땅한 것처럼, 스승 역시 선견지명을 가지고 모든 일을 공평하게 처리해야 한다.

⁷따라서 모든 형제들은 언제나 규칙이 가르치는 것을 따라야만 하며, 섣불리 규정으로부터 이탈해서는 안 된다. ⁸수도원에서는 누구도 자신의 마음의 욕구대로 행동해서는 안 되며, ⁹수도원장에게 도전적으로 덤벼서는 안 된다. 또한 수도원 밖에서도 마찬가지이다. ¹⁰만일 그런 도전을 당연하게 생각하는 사람이 있다면, 그 사람은 규칙이 정한 훈련들을 받게해야 한다. ¹¹더욱이 수도원장 자신은 하나님을 두려워하고, 그가 하는 모든 일에서 규칙을 준수해야만 한다. 그렇게 해야 그는 가장 의로운 심판관이신 하나님께 자신이 내린 모든 판단을 [부끄럼 없이] 설명하게 될 것이라고 어떠한 의심 없이 확신할 수 있다.

¹²만약 수도원의 덜 중요한 일을 처리해야 할 경우라면, 연장자들과만 논의해도 된다. ¹³기록되기를 "의논하고 모든 일을 행하라 그리하면 후회가 없을 것이다"시라서 32:24고 하였다.

제4장 선한 일을 위한 도구들

¹무엇보다도 "네 마음을 다하며 목숨을 다하며 힘을 다하여 주 너의 하나님을 사랑하고 ²또한 네 이웃을 네 자신 같이 사랑하라"눅 10:27. ³다음으로 "살인하지 말라 ⁴간음하지 말라 ⁵도둑질하지 말라 ⁶탐내지 말라"롬 13:9, ⁷"거짓 증언 하지 말라"눅 18:20. ⁸"뭇 사람을 공경하며"벧전 2:17, ⁹그리고 "네가 싫어하는 일은 아무에게도 행하지 말라"토빗 4:16.

¹⁰"그리스도를 따르기 위해 자기를 부인하라"마 16:24, ¹¹"너의 몸을 훈련하라"고전 9:27, ¹²편안한 삶에 안주하려 하지 말고, ¹³차라리 금식하기를 좋아하라. ¹⁴가난한 사람들의 괴로움을 덜어주어야 한다. ¹⁵"헐벗은 자에게 옷을 입히고, ¹⁶병든 자를 찾아가며"마 25:36, ¹⁷죽은 자를 장사하라. ¹⁸어려움에 처한 사람을 찾아가서 도와주고, ¹⁹슬퍼하는 사람을 위로하여라.

²⁰네가 행동하는 방식은 세상의 방식과 달라야만 한다. ²¹그리스도의 사랑이 모든 다른 것들보다 앞서야 한다. ²²너는 분노한 채 행동하지 않아야만 하고, ²³원한을 품어서도 안 된다. ²⁴네 마음에서 모든 거짓을 제하여 버리라. ²⁵결단코 마음 없이 평화를 비는 인사를 하지 말고, ²⁶또

한 네 사랑을 필요하는 사람들에게 등을 돌려서도 안 된다. ²⁷거짓 맹세가 되지 않도록 어떤 맹세도 하지 말고, ²⁸마음과 입술로 진실을 말하라.

²⁹"악으로 악을 갚지 말고"살전 5:15, ³⁰그 누구도 해치지 말며, 다만 인내로써 상처를 견뎌라. ³¹"네 원수를 사랑하라"마 5:44. ³²사람들이 너를 저주한다고 해도 그들을 저주하지 말고, 오히려 그들을 축복하라. ³³"의를 위하여 핍박을 받으라"마 5:10.

³⁴"교만하지 말고 ³⁵술을 즐기지 아니하며"딛 1:7, ³⁶과식을 삼가고, ³⁷졸지도 말며, ³⁸"게으르지 말고"롬 12:11, ³⁹불평해서는 안 되고, ⁴⁰다른 사람들을 험담해서도 안 된다.

⁴¹너의 소망을 오직 하나님께 두어라. ⁴²네가 만일 네 안에서 선한 어떤 것을 발견했다면, 네 자신이 아니라 하나님께 영광을 돌리라. ⁴³그러나 네가 행한 악은 항상 네 자신의 것이라는 사실을 인정하고 너의 탓으로 돌리라.

⁴⁴심판 날을 두려워하며 살고, ⁴⁵지옥에 대한 큰 두려움을 가지라. ⁴⁶거룩한 열망을 내서 영생을 사모하라. ⁴⁷날마다 네가 죽어가고 있다는 사실을 떠올려라. ⁴⁸매시간마다 네가 하는 모든 일을 주의 깊게 살펴보고, ⁴⁹네가 어디에 있던지 하나님께서 지켜보고 계신다는 사실을 자

각해라. [50]네 마음속에 옳지 않은 생각이 들거든 곧바로 그리스도에게 던져버리고, 너의 영적 아버지에게 고백하라. [51]해롭고 거짓된 말로부터 네 입술을 지키라. [52]말을 절제하고, [53]어리석은 잡담이나 억지로 웃기려고 하는 말을 하지 말라. [54]지나치게 웃거나 떠들썩하게 웃는 것을 좋아하지 말라.

[55]거룩한 독서를 귀 기울여 듣고, [56]빈번히 기도에 마음을 두고 생각하라. [57]매일 기도할 때마다 너의 지난 죄를 눈물과 한숨으로 하나님께 고백하고, [58]이후에는 그러한 악한 길로부터 돌아서라.

[59]"육체의 욕심을 만족시키지 말고"갈 5:16, [60]자기 본위적 충동을 혐오해라. [61]비록 수도원장이 하나님께서 금지한 행위를 하여 말과 행동이 일치하지 않더라도, 수도원장의 명령에 전적으로 순종하라. 그리고 "그들이 말하는 바는 행하고 지키되 그들이 하는 행위는 본받지 말라"마 23:3고 하신 주님의 가르침을 기억하라.

[62]실제로 거룩하게 되기도 전에 거룩하다고 불리기를 열망하지 말고, 네가 진실로 그렇게 불리도록, 먼저 거룩하게 되라. [63]매일 하나님의 명령에 따라 살되, [64]순결을 소중히 여기고, [65]그 누구에 대해서도 미워하는 마음이나

⁶⁶시기하는 마음을 품지 말고, ⁶⁷질투하는 마음에서 비롯된 것은 어떤 것도 하지 말라. ⁶⁸다투기를 좋아하지 말고, ⁶⁹교만을 멀리하라. ⁷⁰연로한 이들을 존경하고, ⁷¹연소한 자들을 사랑하라. ⁷²그리스도를 향한 사랑으로 네 원수를 위해 기도하라. ⁷³만약 다른 사람과 다투었거든, 해가 지기 전에 그 사람과 화해하라. ⁷⁴마지막으로 하나님의 자비 안에서 소망을 잃지 말라.

⁷⁵이것들이 [선을 이루기 위한] 영적 기술의 도구들이다. ⁷⁶우리가 밤낮을 쉬지 않고 이러한 도구들을 사용하고 심판 날에 그것들을 [주님께] 돌려드리면, 주님께서 다음과 같이 약속하신 상급으로 우리의 수고를 갚아 주실 것이다. ⁷⁷"하나님께서 자기를 사랑하는 자들을 위하여 눈으로 보지 못하고 귀로도 듣지 못하는 것들을 예비해 두셨다"고전 2:9.

⁷⁸우리가 이 모든 일에 충성스럽게 매진해야 하는 작업장은 수도원의 울타리 안과 공동체 안에서 정주停住하는 삶이다.

제5장 순종

¹겸손의 첫걸음은 망설임 없는 순종이다. ²망설임 없는 순종은 그리스도를 가장 소중하게 여기는 사람들에게서 자연스럽게 나타난다. ³그들이 종사해 온 거룩한 직무 때문에, 또는 지옥에 대한 두려움이나 영생의 영광 때문에, ⁴그들은 마치 상급자의 명령이 하나님으로부터 직접 나오기라도 한 듯이 상급자의 명령을 지체함 없이 수행한다. ⁵주님은 이와 같은 사람에 대해 "그들이 들은 즉시 내게 청종한다"시 18:44라고 말씀하신다. ⁶그리고 교사들에게는 "너희 말을 듣는 자는 곧 내 말을 듣는 것이요"눅 10:16라고 하신다. ⁷그런 사람은 즉시 자신의 관심사를 제쳐놓고, 그들 자신의 뜻을 포기한다. ⁸그리고 그들의 손으로 무슨 일을 하고 있든지 간에, 그것을 끝내지도 않고 바로 내려놓는다. 그들은 순종이라는 준비된 발걸음으로 권위자의 목소리에 따라 행동을 취한다. ⁹스승이 명령을 내림과 거의 동시에 제자들은 하나님을 경외하는 가운데 재빠르게 실행에 옮긴다. 그래서 명령과 실행의 두 가지 행동은 순식간에 하나로 완성된다.

¹⁰그들로 하여금 영생을 추구하게 강권하는 것은 바로 사랑이다. ¹¹그러므로 그들은 주님께서 "생명으로 인도

하는 길은 좁다"마 7:14라고 말씀하신 그 좁은 길로 가고자 열망한다. ¹²그들은 더 이상 자신의 판단을 따라살거나 자신의 기분이나 욕구에 굴복하지 않는다. 오히려 그들은 수도원에서 살면서 수도원장의 지도 아래 있기로 선택함으로써 다른 사람들의 결정이나 지도를 따라 걷는다. ¹³이러한 사람들은 의심할 여지 없이 다음과 같은 주님의 말씀에 따르기로 결심한다. "내가 온 것은 내 뜻을 행하려 함이 아니요 나를 보내신 이의 뜻을 행하려 함이니라"요 6:38.

¹⁴그러나 이러한 순종은 명령 받은 것을 움츠리지도, 지체하지도, 무성의하지도 않게, 그리고 어떤 불평이나 거리낌없이 준수할 때에만 하나님께서 좋아하실 만하고 사람들이 인정할 만한 것이 될 것이다. ¹⁵주님께서 "너희 말을 듣는 자는 곧 내 말을 듣는 것이요"눅 10:16라고 말한 바와 같이, 상급자에게 보여준 순종은 곧 하나님께 드려진 것이다. ¹⁶더욱이 "하나님은 즐겨 내는 자를 사랑하시"고후 9:7기 때문에, 제자들은 기쁘게 순종해야 한다. ¹⁷만일 제자가 큰소리로 떠들든지 혹은 마음속으로든지 억울해 하면서 순종하거나 또는 불평한다면, ¹⁸비록 그가 명령을 수행했다 할지라도, 그 행동은 하나님께서 호의

적으로 받으시지 않을 것이다. 왜냐하면 하나님께서 그 마음속에 있는 불평을 보시기 때문이다. [19]그렇기 때문에 그런 자는 이런 식의 섬김에 대해서 아무런 상급도 받지 못할 것이다. 이와는 반대로 만일 그가 보다 좋은 방향으로 변화되거나, [그 자신을] 교정하지 않는다면, 그는 불평에 대한 문책을 받게 될 것이다.

제6장 금언禁言

[1]다음과 같은 선지자의 조언을 따르자. "내가 말하기를 나의 행위를 조심하여 내 혀로 범죄하지 아니하리니 내가 내 입에 파수꾼을 두었도다 내가 잠잠하고 겸손하여 선한 말도 하지 아니하니"시 39:1-2. [2]선지자는 이 말을 통해 침묵에 대한 존중으로 선한 말조차 하지 않아야 하는 때가 있음을 지적한다. 왜냐하면 무엇보다 악한 말을 억제해야만 죄에 대한 책망을 피할 수 있기 때문이다. [3]참으로 침묵은 아주 중요하므로, 성숙한 제자들에게조차 좀처럼 말할 기회를 줘서는 안 된다. 그것이 매우 선하고, 거룩하고, 건설적인 말이라 할지라도 그래야 한다. [4]왜냐하면 성경에 "말이 많으면 허물을 면하기 어렵

다"잠 10:19, ⁵그리고 "죽고 사는 것이 혀의 힘에 달렸나니"잠 18:21라고 기록되어 있기 때문이다. ⁶말하는 것과 가르치는 일은 스승의 직무이며, 제자들은 침묵하고 경청해야 한다.

⁷그러므로 상급자에게 무언가를 질문할 때에는 매우 겸손하고 공손한 마음으로 해야 한다. ⁸어느 자리에서든지 우리는 상스러운 이야기나 험담하는 말, 그리고 웃기기 위해 하는 말들에 대해 분명히 책망한다. 그리고 제자가 그러한 말에 가담하는 것도 허락하지 않는다.

제7장 겸손

¹형제들아, 거룩한 성경은 우리에게 "무릇 자기를 높이는 자는 낮아지고 자기를 낮추는 자는 높아지리라"눅 14:11고 가르친다. ²이 말씀은 [자신을] 높이는 모든 일이 일종의 교만이라는 것을 보여준다. ³그래서 선지자는 "여호와여 내 마음이 높지 아니하고 내 눈이 오만하지 아니하오며 내가 큰 일과 감당하지 못할 놀라운 일을 하려고 힘쓰지 아니하나이다"시 131:1라고 말하며 그가 교만을 회피해왔음을 분명히 말한다. ⁴왜 그렇게 했는가? "만일 내가

겸손한 마음 대신 높아진 마음을 가진다면 당신이 나를 그 어머니의 무릎 위에 있는 젖뗀 아이와 같이 대하실 것이기 때문이다"시 131:2.

⁵따라서 형제들아, 만일 겸손의 가장 높은 단계에 이르기 원한다면, 또한 이 세상에서 겸손한 삶을 통해서만 다다를 수 있는 하늘에서의 높음을 빨리 얻고자 갈망한다면, ⁶우리는 위로 올라가는 행동을 통해서만, 야곱이 꿈에 보았던 천사가 오르내리는 그 사다리를창 28:12 세워야 한다. ⁷이러한 오름과 내림은, 의심할 여지 없이 우리가 스스로를 높임으로써 낮아지고 겸손함으로써 높여지는 것을 의미한다. ⁸지금 세워진 사다리는 이 땅에서의 우리의 삶이다. 우리가 만약 우리의 마음을 낮춘다면, 주님께서는 그 사다리를 하늘로 들어올리실 것이다. ⁹우리는 우리의 육체와 영혼을 이 사다리의 양쪽 측면이라고 부를 수 있는데, 우리가 이 사다리를 오르도록 우리의 거룩한 소명이 그 사이에 다양한 단계의 겸손과 훈련을 끼워 넣어 두었다.

¹⁰겸손의 첫 번째 단계는 인간이 "그의 눈 앞에 하나님을 경외함을 두고"시 36:1, 이를 결코 잊지 않는 것이다. ¹¹하나님을 경홀히 여기는 자들은 죄로 말미암아 지옥 불

에 타게 되고, 하나님을 경외하는 자들은 그들을 기다리고 있는 영생을 얻을 것이라는 사실을 염두에 두면서, 하나님께서 명령하신 모든 것을 항상 기억해야만 한다. [12]사람이 매 순간 생각과 혀, 손과 발, 또는 자기 주장과 육체의 정욕으로 인한 죄와 악으로부터 자신을 지키는 동안, [13]그는 하늘에 계신 하나님께서 항상 자신을 주목하고 계신다는 것을, 또한 어느 곳에 있든지 그가 하나님 존전尊前에 있으며, 천사들이 그의 모든 행위를 매시간 하나님께 아뢴다는 것을 기억해야 한다.

[14]선지자는 "하나님이 사람의 마음과 양심을 감찰하시나이다"시 7:9라고 말하며, 그는 우리의 모든 생각이 항상 하나님 앞에 드러난다는 것을 우리에게 알려주었다. [15]다시 그는 "주님께서는 사람의 생각을 아시느니라"시 94:11, [16]그리고 "멀리서도 당신은 나의 생각을 밝히 아시오니"시 139:2, [17]"사람의 생각이 주를 찬송하게 될 것이요시 76:10라고 말한다. [18]그러므로 다음과 같이 항상 스스로에게 말하며 주의를 기울이는 것이 나쁜 생각을 피하는 데에 유익하다. "만약 내가 나 자신을 스스로의 악으로부터 지킨다면 나는 그의 눈앞에 완전하게 될 것이다"시 18:23-24.

¹⁹성경이 우리에게 "네 뜻에서 돌아서라"시라서 18:30 참조고 가르치기 때문에 진실로 우리는 우리 마음대로 행동하는 것이 금지되어 있다. ²⁰그리고 주님이 가르쳐주신 기도를 통해 우리는 하나님께 우리 안에서 "그의 뜻이 이루어지기를 간구한다"마 6:10. ²¹성경이 "어떤 길은 사람이 보기에 바르나 필경은 사망의 길이니라"잠 16:25고 한 말씀을 두려워함으로써 우리는 우리의 뜻대로 행해서는 안 된다고 바르게 배워왔다. ²²더욱이 우리는 이 말씀을 무시하는 자들에 대해 한 말씀을 두려워한다. "그들은 부패하여 자신들의 욕망으로 타락하였다"시 14:1.

²³육체의 욕망에 관해 우리는 하나님께서 항상 우리와 함께 계신다는 사실을 믿어야만 한다. 왜냐하면 선지자가 주님께 말한 바와 같이 "나의 모든 욕망을 주께서 아시기 때문이다"시 38:9. ²⁴그러므로 우리는 그 어떤 천박한 욕망에 대해서도 경계해야 한다. 왜냐하면 사망은 쾌락에 이르는 관문에 도사리고 있기 때문이다. ²⁵이와 같은 이유로 성경은 우리에게 "네 욕망을 쫓지 말라"시라서 18:30고 경고한다.

²⁶따라서 "만일 여호와의 눈이 악인과 선인을 감찰하신다면"잠 15:3, ²⁷만일 언제든지 "여호와께서 하늘에서 사람

의 자손들을 굽어살피사 지각이 있어 하나님을 찾는 자가 있는가 보려 하신다면"시 14:2, [28]그리고 우리에게 배정된 천사가 매일 밤낮으로 우리의 모든 행위를 주님께 아뢰고 있다면, [29]형제들아, 우리는 한시도 방심해서는 안 된다. 〈시편〉에서 선지자가 말한 것처럼 하나님께서는 우리가 때때로 "악에 빠져서 가치없는 자"시 14:3 되는 것을 주시하신다. [30]하나님께서는 우리가 성숙하길 기다리시는 인자하신 아버지이시기 때문에 잠시 동안 우리를 참아주신다. 그러나 나중에 "이것이 네가 행한 것이고 나는 아무 말도 하지 않았다"시 50:21라고 말씀하실 것이다.

[31]겸손의 두 번째 단계는 인간이 자신의 뜻을 좋아하지도 않고, 자신의 욕구가 충족되는 것을 기뻐하지도 않는 것이다. [32]그는 오히려 "내가 온 것은 내 뜻을 행하려 함이 아니요 나를 보내신 이의 뜻을 행하려 함이니라"요 6:38는 주님의 말씀을 행동으로 본받으려 할 것이다. [33]유사하게 우리는 "[자신의 뜻에] 동조voluntas하면 책망을 초래하나, 억제necessitas하면 면류관을 얻게 된다."라는 말을 알고 있다.

[34]겸손의 세 번째 단계는 하나님에 대한 사랑 때문에

상급자에게 전적으로 순종하는 것이다. 동시에 사도 바울이 말한 것 처럼 "죽기까지 복종하신"^{빌 2:8} 주님을 닮아 가는 것이다.

³⁵겸손의 네 번째 단계는 이와 같이 순종할 때에 그것이 어렵고 [자신이 원하는 것과] 반대의 일이라 할지라도, 또는 심지어 어떤 종류의 피해^{iniuriis}를 입는다고 해도 마음으로 잠잠히 고통을 품고, ³⁶약해지거나 도망치려고 하지 않고 그 고통을 감내하는 것이다. 성경에 "끝까지 견디는 자는 구원을 얻으리라"^{마 10:22}, ³⁷그리고 "강하고 담대하며 주님을 기다릴지어다"^{시 27:14}라고 기록되어 있기 때문이다. ³⁸다른 본문에서는 신실한 자들은 고통받는 자의 입장에서 주님을 위해서 모든 것, 심지어 모순까지도 참아야 한다는 것을 다음과 같은 말씀을 통해 보여준다. "우리가 종일 주를 위하여 죽임을 당하게 되며 도살 당할 양 같이 여김을 받았나이다"^{롬 8:36}. ³⁹계속해서 그들은 하나님으로부터 받게 될 보상에 대한 확실한 기대를 가지고 다음과 같이 기쁘게 말한다. "그러나 이 모든 일에 우리를 사랑하시는 이로 말미암아 우리가 넉넉히 이기느니라"^{롬 8:37}. ⁴⁰또한 성경은 다른 곳에서 이렇게 말하고 있다. "하나님이여 주께서 우리를 시험하시되 우리를

단련하시기를 은을 단련함 같이 하셨으며 우리를 끌어 그물에 걸리게 하시며 어려운 짐을 우리 허리에 매어 두셨으며"시 66:10-11. ⁴¹그리고 다음과 같이 덧붙임으로써 우리가 상급자 아래 있어야만 함을 보여준다. "당신은 사람들을 우리 머리 위에 두셨나이다"시 66:12.

⁴²진실로 역경과 불공평한 대우 가운데 인내하는 사람들은 다음과 같은 주님의 명령을 완성하고 있는 중이다. "그들은 한 쪽 뺨을 맞으면 다른 쪽도 돌려대며, 외투를 빼앗기면 망토까지도 가지게 하고 또 억지로 오 리를 가게 하면 그는 십 리를 동행한다"마 5:39-41. ⁴³그들은 사도 바울과 함께 "거짓 형제들을 참고, 핍박을 견디고, 그들을 저주하는 자들을 축복한다"고후 11:26, 고전4:12.

⁴⁴겸손의 다섯 번째 단계는 마음속에 들어온 어떠한 악한 생각이나, 남모르게 지은 잘못까지도 수도원장에게 겸손하게 고백함으로써 숨기지 않는 것이다. ⁴⁵이에 관해 성경은 다음과 같이 우리를 권고한다. "네 길을 여호와께 알려라 그에게 소망을 두라"시 37:5, ⁴⁶그리고 말하기를 "주님께 고백하라 왜냐하면 그는 선하시며 그의 인자하심이 영원하시기 때문이다"시 106:1. ⁴⁷그리고 선지자는 "당신께 내 죄를 아뢰고 내 죄악을 숨기지 아니하였나이

다 ⁴⁸내가 이르기를 나 스스로를 거슬러 주님께 나의 허물들을 고할 것이오 그리고 주께서 내 마음의 악을 사하셨나이다"시 32:5라고 고백한다.

⁴⁹겸손의 여섯 번째 단계는 수도사가 가장 낮고 천한 대접을 받는 데에 만족하고, 무슨 직무가 주어지든지 자신을 가장 비천하고 가치 없는 자로 여기는 것이다. ⁵⁰그는 선지자를 따라서 이렇게 고백한다. "내가 이같이 우매 무지함으로 주 앞에 짐승보다 나은 것이 없지만 내가 항상 주와 함께 있습니다"시 73:22-23.

⁵¹겸손의 일곱 번째 단계는 말로만이 아니라 마음으로도 자신을 가장 가치 없는 자로 여기면서 자신이 모든 사람들보다 비천하고 가치가 없다고 확신하는 것이다. ⁵²이런 사람은 자신을 겸손히 여기며 선지자와 함께 이렇게 고백한다. "나는 벌레요 사람이 아니라 사람의 비방 거리요 백성의 조롱 거리니이다"시 22:6, ⁵³"나는 높아졌다가 비천하게 되었고 혼란으로 당황하였나이다"시 88:16, ⁵⁴"주께서 나를 비천하게 하신 것이 내게 유익이라 이로 말미암아 내가 주의 율례들을 배우게 되었나이다"시 119:71.

⁵⁵겸손의 여덟 번째 단계는 수도사가 수도원의 공동 규

칙과 상급자들의 모범에 의해 권장되는 것만을 행하는 것이다.

⁵⁶겸손의 아홉 번째 단계는 수도사가 질문을 받지 않는 한, 혀를 절제하면서 침묵하는 것이다. ⁵⁷성경은 "너는 말의 홍수 속에서는 죄짓는 것을 피하기 어려울 것이다"잠 10:19라고, ⁵⁸그리고 "말이 많은 자는 세상에서 목적 없이 행한다"시 140:12라고 경고한다.

⁵⁹겸손의 열 번째 단계는 쉽게 웃지 않는 것으로, 성경에는 "어리석은 자만이 웃으며 목소리를 높인다"시라서 21:23라고 기록되어 있다.

⁶⁰겸손의 열한 번째 단계는 웃지 않고 온유하게, 진지하면서 겸손하게, 그리고 간단하면서 합리적으로 목소리를 높이지 않고 말하는 것이다. ⁶¹성경에 "지혜로운 사람은 그의 적은 말로 알 수 있다"라고 기록되어 있기 때문이다.

⁶²겸손의 열두 번째 단계는 수도사가 항상 마음 못지않게 태도에 있어서도 분명하게 겸손한 빛을 띠는 것이다. ⁶³그래서 '하나님의 일'Opus Dei(역주: 하나님을 섬기기 위해 행하는 찬송, 독서, 침묵, 다른 이들을 위한 기도 등의 공동활동)을 할 때에나, 예배실, 수도원, 정원, 여행지, 밭, 그외 어디를 가든지 겸손

을 나타내는 것이다. 그런 사람은 앉아 있든지, 혹은 걷거나 서 있든지 머리를 숙이고 눈을 내리뜬다. [64]그는 자신의 죄로 인해 항상 자신을 죄인으로 여기고, 그가 이미 두려운 심판대에 서 있음을 깊이 생각해야 한다. [65]그리고 그는 복음서에서 세리가 눈을 내리뜨면서 고백했던 말을 마음속으로 끊임없이 되뇐다. "하나님이여 나는 감히 하늘을 쳐다볼 수도 없는 죄인이로소이다"눅 18:13. [66]그리고 선지자처럼 "내가 심히 구부러졌으며 모든 면에서 비천하게 되었나이다"시 38:6라고 고백한다.

[67]이와 같은 겸손의 모든 단계를 거친 후에 수도사는 재빠르게 모든 두려움을 내쫓는 하나님의 완전한 사랑요일 4:18에 도달하게 될 것이다. [68]이러한 사랑을 통해서만 이제 그는 자신이 한때 두려움으로 행했던 모든 것을 아무 노력 없이, 즉 자연적으로, 습관인 것처럼 준수하기 시작할 것이다. [69]곧, 더 이상 지옥의 두려움 때문이 아니라 그리스도에 대한 사랑과 선한 습관과 덕을 즐거워함으로 인해 그것들을 준수할 것이다. [70]주님께서 이 모든 것들을 이제 죄와 악으로부터 정결하게 된 그분의 일꾼 안에서 성령님으로 말미암아 은혜롭게 나타내실 것이다.

제8장 야간 성무일도^{聖務日禱}

¹겨울철, 즉 11월 1일부터 부활절까지는 밤 8경^{새벽 2시 경} 정도에 일어나는 것이 합리적인 것으로 보인다. ²자정을 조금 넘긴 시간까지 취침함으로써 형제들은 먹은 음식을 모두 소화시키고 일어날 수 있다. ³야간 기도 후 남은 시간에는 시편찬송 또는 봉독^{Lectionum(역주: 읽기를 의미하는 라틴어 lectio, lectiones, lectionum을 받들어 읽는다는 의미의 '봉독' 또는 '독서'로 번역하였다. 베네딕트 수도원의 성무일도에서는 주로 성경을 봉독하였으며, 야간기도에서는 교부들의 성경해석도 읽혀졌다. 베네딕트가 연간 성경봉독을 위해 어떤 구절들을 선택하여 배치하였는지는 알려져 있지 않다.)}을 배워야 하는 이들은 이것들을 공부해야 한다^(역주: 여기서 공부는 주로 시편송 또는 성경구절의 암송을 의미한다.)

⁴부활절과 앞서 언급한 11월 1일 사이 [여름철]에는 야간기도 시간을 조정하여 야간기도 후에 수도사들이 생리적 욕구를 해소할 수 있도록 약간의 휴식시간을 주어야 한다. 그리고 나서 날이 밝기 시작할 때, 곧 바로 새벽기도^{Lauds}를 시작해야만 한다.

제9장 [겨울철] 야간 성무일도에 바칠 시편송의 수

¹겨울철 동안, 야간기도는 다음과 같은 말씀으로 시작한다. "주여 내 입술을 열어 주소서 내 입이 주를 찬송하여 전파하리이다"시 51:15. 이 말씀을 세 번 낭독한 후, ²다음 순서를 따라야 한다. "아버지께 영광을"이라는 말과 함께 〈시편〉 3편을 바치고, ³이후에 〈시편〉 94[95]편을 후렴Antiphona(역주: 한두 명의 독창자가 시편송을 선창하면 이후에 회중이 함께 응답하는 노래)과 함께 부르거나 혹은 최소한 [후렴없이] 부른다. ⁴그리고 암브로시우스의 찬미Ambrosianum(역주: 4C 이탈리아 밀라노의 주교였던 암브로시우스Ambrosius가 쓴 것으로 여겨지는 찬송)로 찬양한 후, 후렴과 함께 시편송 여섯 편을 바친다.

⁵찬송을 바친 후에는 교독문을 낭독하고 수도원장이 강복선언을 한다. 모든 사람이 의자에 앉아 있을 때, 형제들은 차례대로 나와서 독서대 위에 있는 책에서 세 가지 말씀을 봉독한다. 각각의 봉독이 끝난 후에는 응답송Responsoria을 한다. ⁶첫 번째와 두 번째 응답송 후에는 "아버지께 영광을"은 부르지 않고, 오직 세 번째 봉독 후에만 부른다. ⁷선창자가 "아버지께 영광을"이라고 말하기 시작하면, 모든 수도사들은 삼위일체 하나님께 대한 찬양과 경외심으로 자리에서 일어나야 한다. ⁸야간기도에서는 하나님의

감동으로 쓰여진 구약과 신약성경 외에도, 명성 있는 정통 가톨릭 교부들의 성경해석도 낭독되어야 한다.

⁹이와 같이 세 번의 봉독과 응답송을 마치면, "알렐루야"라는 후렴과 함께 남아 있는 여섯 편의 시편송을 노래한다. ¹⁰이것이 끝나면, 서신서 봉독^{Lectio apostoli}을 마음을 다해서 하고, 이어서 교독문 그리고 호칭기도^{Litaiae(연도連禱)}, 즉 "주여, 자비를 베푸소서"^{Kyrie eleison}를 한다. ¹¹이렇게 야간기도를 마친다.

제10장 여름철 야간 성무일도의 순서

¹부활절부터 11월 1일까지는 겨울철에 하는 시편송의 수를 순서대로 다 지켜야 한다. ²그러나 여름에는 밤이 짧기 때문에 [야간기도에서] 봉독이 생략된다. 세 번의 봉독을 한 번의 구약성서 봉독으로 대치한다. 이 말씀은 마음으로 낭독되어야 하며, 뒤이어 짧은 응답송을 부른다. ³다른 부분에서는 겨울철의 야간기도 순서를 모두 지킨다. 즉 겨울철과 여름철 야간기도에서 〈시편〉 3편과 94[95]편을 제외한 시편송의 수가 열두 편 미만이어서는 절대로 안 된다.

제11장 주일 야간기도의 집전

¹주일에 수도사들은 야간기도를 위해 보다 일찍 일어나야 한다. ²주일 야간기도 역시, 그 분량이 적절해야만 한다. 첫째, 앞서 말한 바와 같이 여섯 편의 시편송을 바친 후, 교독문을 낭독한다. 그러고 나서 적절한 서열에 맞게 자리에 앉은 수도사들은 네 번의 봉독을 경청한다. 봉독이 매번 끝날 때마다 응답송을 부른다. ³그러나 "아버지께 영광을"은 네 번째 봉독 후에만 덧붙인다. 선창자가 "아버지께 영광을"을 시작하면, 모든 사람은 경외심을 가지고 즉시 일어나야 한다.

⁴이와 같은 봉독 후에도 똑같은 순서가 반복된다. 이전처럼 후렴과 함께 여섯 편의 시편송을 더 바치고 나서 교독문을 낭독한 후, ⁵앞에서 한 것처럼 네 번의 봉독과 응답송을 한다. ⁶다음으로 수도원장이 선지서에서 선택한 찬미가 세 곡을 "알렐루야"라는 후렴과 함께 부른다. ⁷교독문과 수도원장의 강복선언 후에는 다시 앞서 한 것처럼 응답송과 함께 네 번의 신약성서 봉독이 뒤따르고, ⁸네 번째 응답송 후에는 수도원장이 "여호와여, 우리가 당신을 찬양하나이다"Te deum laudamus라는 찬미를 시작한다. ⁹이 찬미가 끝나면, 모든 수도사들이 존경과 두려움

으로 서 있는 동안 그는 복음서를 봉독한다. [10]복음서 봉독이 끝날 때, 모든 사람이 "아멘"으로 응답하면 수도원장은 즉시 "당신께 영광을"이란 찬미를 올린다. 마지막 강복선언이 끝난 후에 새벽기도[Lauds/Matutinos]가 시작된다.

[11]주일 야간기도의 순서는 겨울철이나 여름철 모두 이와 같이 지켜야 한다. [12]하나님께서 금하신 일이지만, 혹시 수도사들이 늦게 일어나는 경우에는 봉독이나 응답송을 단축해야만 한다. [13]이런 일이 발생하지 않도록 각별히 조심해야 하겠지만, 혹 이런 일이 일어난다면, 잘못한 수도사는 예배실에서 하나님께 적절한 보속을 해야만 한다.

제12장 주일 새벽기도의 집전

[1]주일 새벽기도는 후렴 없이 〈시편〉 66편을 낭독함으로써 시작한다. [2]그리고 나서 "알렐루야"라는 후렴구와 함께 〈시편〉 50편을 계속 읽는다. [3]이어서 〈시편〉 117[118]편과 62[63]편, [4]젊은 세 남자의 찬송[Benedictiones/Canticle of Three Young Men](단 3:52-56,57-90)을 드리고, 〈시편〉 148편에서 150편까지[Laudes] 낭독하며, 계시록에서 택한 문장을 마음을 다해 낭독한다. 이어서 응답송, 암브로시우스

의 찬미, 교독문, 복음서 찬송Gospel Canticle/Canticum de Evangelia과 호칭 기도를 바친 뒤 새벽기도를 마친다.

제13장 평일 새벽기도의 집전

¹주중 평일의 새벽기도의 집전은 다음과 같이 한다. ²첫째, 주일에 하는 것처럼 〈시편〉 66[67]편을 후렴 없이 약간 길게 끌면서 낭독함으로써, 모든 사람이 후렴이 있는 〈시편〉 50[51]편을 낭독할 때는 참석할 수 있도록 한다. ³다음으로 관습에 따라 두 편의 시편송을 다음의 순서대로 더 낭독한다. ⁴월요일에는 〈시편〉 5편과 35[36]편, ⁵화요일에는 〈시편〉 42[43]편과 56[57]편, ⁶수요일에는 〈시편〉 63[64]편과 64[65]편, ⁷목요일에는 〈시편〉 87[88]편과 89[90]편, ⁸금요일에는 〈시편〉 75[76]편과 91[92]편, ⁹토요일에는 〈시편〉 142[143]편과 두 부분으로 나누어져 있는 〈신명기〉 찬송Canticle from Deuteronomy. 신 32:1-43을 각 부분마다 "아버지께 영광을"Gloria을 넣어 낭독한다. ¹⁰이외의 날에는 로마교회의 관행에 따라 선지서 찬송Canticle from the Prophets을 드린다. ¹¹그리고 〈시편〉 148편에서 150편까지를 바친 후, 서신서를 마음을 다해 봉독하

고, 응답송, 암브로시우스의 찬미, 교독문, 복음서에서 선택한 찬송, 호칭 기도를 드리고 새벽기도를 마친다.

¹²새벽기도와 저녁기도Vespers의 집전은 모든 사람들이 들을 수 있도록 상급자가 주님이 가르쳐주신 기도를 전부 암송해야만 마칠 수 있다. 왜냐하면 논쟁의 가시가 등장할 수도 있기 때문이다. ¹³그들은 "우리가 우리에게 죄지은 자를 사하여 준 것 같이 우리 죄를 사하여 주시옵고"마 6:12라는 바로 이 기도문구로 서로간에 언약을 맺고 경고를 받음으로써 이런 유의 악에서 자기 자신을 정결하게 할 수 있다. ¹⁴다른 기도에서는 주님이 가르쳐주신 기도의 마지막 부분만 큰소리로 낭독하는데, 이는 모든 사람이 다음과 같이 응답하게 하기 위해서이다. "다만 악에서 구하시옵소서"마 6:13.

제14장 성인들의 축일에의 야간기도 집전

¹성인들의 축일과 모든 엄숙한 축일에는 주일의 집전 순서를 따라야 한다. ²그럼에도 불구하고 그날에 적합한 시편송과 후렴, 그리고 봉독들이 이루어져야 한다. 순서는 위에 언급한 것과 동일하게 한다.

제15장 알렐루야^Alleluia^를 암송하는 때

¹거룩한 축일인 부활절부터 성령강림절까지는 시편송, 응답송과 함께 '알렐루야'를 항상 불러야 한다. ²성령강림절부터 사순절이 시작될 때까지는 매일 밤 야간기도의 마지막 여섯 편의 시편송을 할 때만 '알렐루야'를 함께 부른다. ³사순절 동안을 제외한 모든 주일에는 야간기도, 새벽기도, 제1시 기도^Prime(오전 6시)^, 제3시 기도^Terce(오전 9시)^, 제6시 기도^Sext(오전 12시)^, 제9시 기도^None(오후 3시)^ 때에 모두 '알렐루야'로 찬미해야 한다. 그러나 저녁기도^Vespers^에서는 후렴을 불러야 한다. ⁴부활절부터 성령강림절까지의 기간을 제외하고는 응답송과 함께 '알렐루야'를 불러서는 안 된다.

제16장 주간 성무일도의 집전

¹선지자는 "내가 하루 일곱 번씩 주를 찬양하나이다" ^시 119:164^라고 고백했다. ²만일 우리가 새벽기도, 제1시 기도, 제3시 기도, 제6시 기도, 제9시 기도, 저녁기도, 그리고 마지막 기도^Compline(종도)^의 의무를 이행한다면, 우리

는 일곱이라는 거룩한 수를 채울 수 있을 것이다. ³왜냐하면 그가 "내가 하루 일곱 번씩 주를 찬양하나이다"시 119:164라고 말한 주간의 시간들이기 때문이다.

⁴그 선지자가 야간기도에 관해서 이렇게 말했다. "내가 주를 찬양하기 위해 밤중에 일어났나이다"시 119:62. ⁵그러므로 우리는 이와 같은 때에, 즉 새벽기도, 제1시 기도, 제3시 기도, 제6시 기도, 제9시 기도, 저녁기도, 그리고 마지막 기도 시간에 "그분의 외로운 심판"으로 인해 우리의 창조주를 찬양해야 한다. 그러므로 그분을 찬양하기 위해서 밤중에 일어나자"시 119:164, 62.

제17장 각 시간 전례에 낭송해야 하는 시편송의 수

¹우리는 이미 야간기도와 새벽기도에서 부를 찬송의 순서를 정했다. 그러면 이제 남은 시간전례들의 순서를 정해보자.

²제1시 기도에서는 세 편의 시편송을 각각 "아버지께 영광을"Gloria과 함께 낭독해야 한다. ³먼저 "하나님이여 나의 도움이 되소서"시 70:1라는 개회 교독문을 낭독하고 이 시간을 위한 찬미를 한 다음에 시편송을 부른다. ⁴세

편의 시편송 후에는 봉독을 한 번 한다. 그리고 교독문과 "주여, 자비를 베푸소서"Kyrie eleison로 마치고 해산한다.

⁵제3시 기도, 제6시 기도, 제9시 기도도 같은 순서로 집전한다. 즉 개회 구절, 각 시간에 합당한 찬미, 세 편의 시편송, 봉독, 교독문을 한 뒤 "주여, 자비를 베푸소서"를 끝으로 해산한다. ⁶만약 공동체가 보다 크다면 시편송을 낭독할 때 후렴을 해야 하나, 작다면 후렴 없이 시편송을 낭독한다.

⁷저녁기도Vespers(만도)에서는 시편송에 후렴을 덧붙이되 네 편을 넘으면 안 된다. ⁸시편송을 낭독한 후에는 다음과 같은 순서가 이어진다. 봉독, 응답송, 암브로시우스의 찬미, 교독문, 복음서 찬송Gospel Canticle, 호칭기도. 그리고 해산하기 직전에 주기도문을 한다.

⁹마지막 기도Compline는 후렴 없이 시편송을 세 편까지만 낭독할 수 있다. 시편송을 바친 후에는 이 시간에 적합한 찬미를 드리고, 봉독, 교독문, "주여, 자비를 베푸소서" 강복선언을 하고 나서 마친다.

제18장 찬송의 순서

¹낮에 드리는 모든 기도는 "하나님이여 나의 도움이 되소서 주님 속히 나를 도우소서"시 70:1라는 성경 구절로 시작한다. 그리고 "아버지께 영광을"Gloria과 [각 시간전례에] 알맞는 찬미를 드린다.

²주일 제1시 기도에서는 〈시편〉 118편의 네 부분을 낭독한다. ³제3시 기도, 제6시 기도, 제9시 기도에서는 이 시편의 세 부분을 낭독한다. ⁴월요일에는 제1시 기도에서는 세 편의 시편송, 즉 1편, 2편, 6편을 바친다. ⁵그 후 화요일부터 주일까지 제1시 기도에서는 매일 세 편의 시편송을 19[20]편까지 연이어 낭독한다. 〈시편〉 9[9,10]편과 17[18]편은 각각 두 부분으로 나누어진다. ⁶이런 방식으로 진행하면 주일 야간기도는 항상 〈시편〉 20[21]편으로 시작할 수 있다.

⁷월요일 제3시 기도, 제6시 기도, 제9시 기도에서는 〈시편〉 118[119]편의 나머지 아홉 부분을 각각 세 부분씩 낭독한다. ⁸이렇게 〈시편〉 118[119]편 낭독은 이틀 동안, 즉 주일과 월요일에 다 마친다. ⁹화요일에는 제3시 기도, 제6시 기도, 제9시 기도에서 각각 세 편씩, 그러니까 〈시편〉 119[120]편에서 127[128]편까지 아홉 편을 바친다. ¹⁰주일

까지 매일 이 시간대에는 동일한 〈시편〉 구절을 반복한다. 이와 유사하게 이 기간 [화요일에서 주일] 동안 찬미, 봉독, 그리고 교독문의 순서가 동일하다. ¹¹이러한 방식으로 〈시편〉 118[119]편은 항상 주일에 시작한다.

¹²저녁기도^{Vespers}에서는 매일 네 편의 시편송을 바치는데, ¹³109[110]편에서 시작하여 147[147:12-20]편에서 마친다. ¹⁴이때 이미 다른 시간에 배정된 〈시편〉 117[118]편에서 127[128]편까지와 133[134]편, 그리고 142[143]편은 제외한다. ¹⁵그리고 나서 나머지 시편은 저녁기도^{Vespers} 때에 낭독한다. ¹⁶그러나 이렇게 하면 세 편씩 낭독해야 할 시편송의 구절이 너무 적게 남기 때문에 보다 긴 시편, 즉 〈시편〉 138[139]편, 143[144]편, 144[145]편은 나누어 낭독해야 한다. ¹⁷그리고 〈시편〉 116[117]편은 너무 짧기 때문에 〈시편〉 115[116:10-9]편과 함께 드려야 한다. ¹⁸이는 저녁기도를 위한 시편송의 순서이며, 나머지는 앞서 말한 바와 같이 봉독, 응답송, 찬미^{Hymnum}, 교독문, 그리고 찬송^{Canticum}의 순서를 따른다.

¹⁹마지막기도^{Compline}에서는 매일 동일한 〈시편〉, 즉 4편, 90[91]편, 133[134]편을 바친다. ²⁰이와 같은 낮기도의 순서에 들어 있지 않은 나머지 〈시편〉은 7일간의 야간기

도 때 골고루 배정한다. ²¹매일 밤 열두 편의 시편송을 낭독하도록 보다 긴 시편들은 나눠서 낭독해야 한다.

²²무엇보다도 우리는 만일 〈시편〉을 이렇게 나눈 것이 마음에 들지 않는 이가 있다면 보다 낫다고 여겨지는 방식으로 〈시편〉을 배열하기를 권한다. ²³그러나 매주 150편의 시편을 완전히 낭독할 수 있도록 해야 하며, 매주일 야간기도 때에 〈시편〉 낭독을 새로 시작할 수 있도록 주의 깊게 배열해야 한다. ²⁴주간에 예전에 정해진 찬송과 더불어 〈시편〉을 모두 낭독하지 못한 수도사들은 그들이 드리는 예배에서 극도의 태만과 헌신 부족을 드러내는 것이다. ²⁵그들만큼이나 열정적이었던 우리의 거룩한 교부敎父들은 이 모든 것을 단 하루 만에 낭독했다고 우리는 알고 있다. 그러므로 우리와 같이 미지근한 사람들도 일주일 안에 모두 낭독할 수 있다는 희망을 갖자.

제19장 찬송 훈련

¹하나님께서는 어디에나 계시며 그리고 "여호와의 눈은 어디서든지 악인과 선인을 감찰하신다"잠 15:3고 우리는 믿는다. ²그러나 특별히 우리가 성무일도를 드릴 때에

는 더욱더 그러하다는 것을 조금도 의심하지 말고 믿어야만 한다.

³그러므로 우리는 항상 선지자가 다음과 같이 말한 것을 기억해야 한다. "여호와를 경외함으로 섬기고"시 2:11, ⁴"지혜의 시로 찬송할지어다"시 47:7, ⁵"내가 천사들 앞에서 주께 찬송하리이다"시 138:1. ⁶그렇다면 하나님과 천사들 앞에서 우리가 어떻게 행동해야 하는지 깊이 숙고하자. ⁷그리고 우리의 마음과 목소리가 조화를 이루는 방법으로 시편송을 부르기 위해 일어서자.

제20장 기도할 때의 경외심

¹우리는 능력 있는 사람의 은혜를 구할 때는 언제나 주제넘지 않도록 조심하면서 존경하는 마음을 가지고 겸손하게 간구한다. ²그렇다면 모든 만물의 하나님 되시는 주님 앞에 우리의 소원을 가장 겸손하게 그리고 진실한 헌신의 자세로 아뢰는 일은 얼마나 중요한가! ³하나님께서는 우리가 하는 많은 말이 아니라 정결한 마음과 참회의 눈물을 중요하게 여기신다는 사실을 알아야만 한다. ⁴그러므로 하나님의 은혜로 영감을 받아 기도가 길어지는

경우를 제외하고는 기도는 짧고 순수해야 한다. ⁵하지만 공동체에서 기도는 항상 간단해야만 한다. 상급자가 신호를 보내면, [기도를 마치고] 모두 함께 일어서야 한다.

제21장 수도원의 주임들 Deans/Decani

¹만일 공동체의 규모가 꽤 크다면, 평판이 좋고 삶이 거룩한 형제들 몇몇을 주임으로 세워야 한다. ²그들은 하나님의 율례와 수도원장의 명령에 따라 모든 일들을 관장하면서, 자신에게 맡겨진 열 명으로 이루어진 집단의 수도사를 돌봐야 한다. ³선택된 주임들은 수도원장이 안심하고 자신의 일을 맡길 수 있는 사람이어야 한다. ⁴그들은 서열이 아니라 덕스러운 삶과 지혜로운 가르침을 기준으로 선택되어야만 한다.

⁵만약 주임들 중 한 명이 교만에 빠져 우쭐거리는 등 질책을 받을 만한 모습을 보이거든, 한 번, 두 번, 세 번까지 그를 책망해야만 한다. 그럼에도 불구하고 그가 [교만을] 고치기를 거부하면, 그를 그 직위로부터 해임하고, ⁶그 자리에 합당한 다른 사람으로 대체해야 한다. ⁷우리는 원장에 대해서도 같은 행동방침을 둔다.

제22장 수도사들의 취침 배열

[1]수도사들은 분리된 침대에서 자야 한다. [2]그들은 수도원장으로부터 수도사의 삶에 적합한 침구를 받는다.

[3]만일 가능하다면, 모든 수도사는 한 곳에서 취침해야 한다. 그러나 공동체의 규모 때문에 그렇게 하지 못할 경우, 수도사들은 연장자들의 감독 아래 열 명, 혹은 스무 명씩 무리를 이루어 취침해야 한다. [4]그리고 방안에는 아침까지 등을 밝혀두어야만 한다.

[5]그들은 옷을 입고, 허리에는 띠나 끈을 맨 채로 자야 한다. 그러나 취침 중 혹시라도 칼에 베일지 모르므로 칼은 벗어두어야 한다. [6]그렇게 해야 수도사들은 언제든지 기상신호가 나면 지체 없이 일어날 준비가 되어 있을 것이다. 어느 누구 할 것 없이 다른 사람보다 먼저, 그러나 최선의 품위와 예의를 가진 채 '하나님의 일'Opus Dei을 하기 위해 서둘러야 한다. [7]보다 젊은 수도사들의 침대가 나란히 놓여서는 안 된다. 그들의 침대는 연장자들의 침대 사이에 배치되어야 한다. [8]잠이 많은 사람들이 변명을 하는 경향이 있기 때문에 그들은 '하나님의 일'을 위해 일어날 때에는 조용히 서로를 독려해야 할 것이다.

제23장 죄로 인한 파문^{破門}

¹만약 어느 형제에게서 완고하거나, 불순종하거나, 또는 교만한 모습이 보이거든, 혹은 어느 형제가 불평하거나, 어떤 식으로든지 거룩한 규칙을 멸시하거나, 연장자들의 명령을 거역하거든, ²연장자들은 주님의 명령에 따라서 다른 사람들 모르게 그를 개인적으로 두 번 훈계해야 한다^{마 18:15-16}. ³그래도 만일 말을 듣지 않거든, 그를 모든 사람들 앞에서 공적으로 책망해야 한다. ⁴그럼에도 불구하고 그에게 개선의 여지가 없다면, 처벌의 본질을 이해시키고 그를 파문해야만 한다. ⁵그러나 만일 그가 이해하지 못한다면, 육체적 처벌을 가해야 한다.

제24장 파문의 방식

¹잘못의 심각성과 파문 또는 징계의 기준 사이에는 적절한 비율이 있어야 한다. ²수도원장이 죄의 심각성을 결정한다.
³만약 한 형제에게서 그리 중대하지 않은 죄가 발견되거든, 그가 공동체 식사에 참여하는 것을 금해야 할 것이

다. ⁴공동체 식사로부터 제외된 사람은 다음과 같이 행동해야 한다. 보속을 다 할 때까지 그는 예배실에서 찬송이나 후렴을 인도해도 안 되고, 성경을 봉독해서도 안 된다. ⁵그리고 형제들의 식사가 끝난 후에 홀로 식사를 해야 한다. ⁶예를 들어 형제들이 정오에 식사를 한다면, 그는 오후 중반에나 식사를 해야 할 것이다. 만약 형제들이 만일 오후 중반에 식사를 한다면, 그는 저녁에나 먹어야 할 것이다. ⁷그가 적절한 보속을 통해 용서를 받을 때까지 그래야 한다.

제25장 중대한 죄

¹중대한 잘못을 저지른 형제는 공동체 식사와 더불어 예배에도 참여하지 못하도록 해야 한다. ²어떤 형제도 그와 어울리거나 대화를 나눠서는 안 된다. ³그는 자신에게 배정된 직무를 홀로 감당하게 될 것이며, 슬픔과 괴로움 속에 살면서 다음과 같이 말한 사도의 무서운 의도를 숙고하게 될 것이다. ⁴"이런 자는 육신이 멸망 받도록 내어준 바 되었으니 이는 영은 주님의 날에 구원을 받게 하려 함이라"고전 5:5. ⁵그는 수도원장이 그에게 적절하다고 판단

한 때에, 수도원장이 정한 만큼의 식사를 홀로 해야 한다. [6]그는 지나가는 누구에게도 축복을 받아서는 안 되고, 그에게 주어진 음식도 축복을 받아서는 안 된다.

제26장 파문을 당한 자들과의 허가 받지 않은 교제

[1]만약 한 형제가 주제넘게 수도원장의 허락 없이 어떤 방식으로든 파문을 당한 형제와 교제하거나, 대화를 하거나, 또는 그에게 소식을 전해주려고 한다면, [2]그는 파문에 해당하는 처벌을 받아야만 할 것이다.

제27장 파문을 당한 자들에 대한 수도원장의 돌봄

[1]수도원장은 다루기 힘든 형제들을 세심한 관심을 가지고 지극히 보살펴야 한다. 왜냐하면 "건강한 자에게는 의사가 쓸 데 없고 병든 자에게라야 쓸 데 있기"[마 9:12] 때문이다. [2]그러므로 수도원장은 현명한 의사들이 사용하는 모든 기술들을 사용해야 하며, '센펙타'들$^{Senpectas/}$ $_{Seniores\ sapientes\ fratres}$, 즉 성숙하고 지혜로운 형제들을 보내

야 한다. ³그들은 흔들리는 형제를 비밀리에 도울 것이며, 보속의 한 방법으로써 겸손을 그에게 권유할 것이며, "그가 너무 많은 근심에 잠기지 않도록"^(고후 2:7) 위로할 것이다. ⁴오히려 사도 바울이 말한 것과 같이 "사랑을 그들에게 나타내라"^(고후 2:8), 그리고 모두가 그를 위해 기도하도록 하라.

⁵맡겨진 양들을 하나라도 잃어버리지 않기 위해서 세심한 관심을 가지고 민첩함과 분별력과 성실함으로 행동하는 것은 수도원장의 책임이다. ⁶그는 자신이 건강한 자들 위에 군림하는 것이 아니라 병든 자들을 돌보는 일을 맡았다는 사실을 깨달아야만 한다. ⁷그는 하나님께서 선지자를 통해 하신 경고의 말씀을 두려워해야 한다. "네가 보기에 살진 것은 너의 것이라 주장하고, 약한 것은 네가 버렸도다"^(겔 34:3-4). ⁸그는 아흔아홉 마리의 양들을 산에 남겨두고 한 마리의 잃어버린 양을 찾아 나선 선한 목자의 사랑의 모범을 따라가야만 한다. ⁹그 목자는 연약한 자를 향한 큰 연민으로 "찾은 양을 그의 거룩한 어깨 위에 자비롭게 둘러메고"^(눅 15:5) 와서 양 떼 사이로 돌려보내었다.

규칙서 • 67

제28장 잦은 책벌에도 불구하고 교정을 거부한 자들

¹만일 한 형제가 어떠한 잘못으로 인해 자주 책망을 받았거나 파문을 당했는데도 여전히 [그 잘못을] 고치지 않는다면, 그는 보다 가혹한 벌, 즉 회초리로 맞는 벌을 받아야 한다. ²그럼에도 불구하고 만약 그가 행동을 고치지 않거나, 교만해져서 하나님께서 금하신 행위를 한 것을 변명한다면, 수도원장은 현명한 의사의 과정을 따라야만 한다. ³먼저 찜질을 한 다음에 격려의 연고, 거룩한 성경이라는 약, 그리고 마지막으로 파문이라는 뜸과 회초리라는 체벌을 사용해야 한다. ⁴그러나 모든 노력이 허사라는 것을 알게 되면, 그는 보다 나은 치료법을 찾아야만 한다. 다시 말하자면 수도원장과 모든 형제들이 그 형제를 위해 기도해야만 한다. ⁵그러면 모든 것을 하실 수 있는 주님께서 그 병든 형제를 건강하게 하실 것이다. ⁶이 모든 절차로도 그를 치료하지 못한다면, 마지막으로 수도원장은 칼을 사용해서 절단해야만 한다. 사도 바울은 이렇게 말했다. "이 악한 사람을 너희 중에서 내쫓으라" 고전 5:13. ⁷그리고 "혹 믿지 아니하는 자가 갈리거든 갈리게 하라" 고전 7:15. ⁸그렇게 하여 한 마리의 병든 양이 모든 양 떼를 감염시키지 않게 하라.

제29장 수도원을 떠난 형제들의 재입회

[1]만일 한 형제가 자신의 악한 길을 따라 수도원을 떠났으나 다시 돌아오기를 원한다면, 그는 먼저 수도원을 떠난 원인이 되었던 모든 행동을 고치겠다는 약속을 해야만 한다. [2][만일 그렇게 한다면] 그는 다시 받아들여져야 하지만 그의 겸손함을 시험하기 위해 맨 마지막 자리에 앉혀야 한다. [3]만약 그가 다시, 두 번 혹은 세 번 떠났더라도 같은 조건 하에 재입회할 수 있다. 그러나 그 후에는 다시 재입회할 가망이 전혀 없다는 것을 알아야만 한다.

제30장 소년들을 책벌하는 방식

[1][모든 이들은] 각각의 나이나 이해의 수준에 맞게 적절하게 다루어져야 한다. [2]그러므로 소년들이나 젊은이들, 또는 파문이라는 책벌의 심각성을 이해하지 못하는 이들이 [3]잘못을 범할 때마다 그들은 고침을 받기 위해서 엄격한 단식에 처해지거나 매서운 체벌로 자제되어야 한다.

제31장 수도원 살림책임자Cellararius (당가當家) 자격

¹수도원 살림책임자는 공동체에 속한 사람들 중에서 현명하고, 행동이 성숙하며, 냉철하며, 과식하지 않고, 교만하지 않으며, 화를 잘 내지 않고, 공격적이지 않고, 미적거리거나 낭비하지 않는 사람으로 선출되어야 한다. ²그러나 그는 하나님을 경외하고, 모든 공동체의 아버지 같은 사람이어야 한다. ³그는 모든 것을 보살펴야 한다. ⁴그러나 수도원장의 명령 없이는 아무것도 해서는 안 된다. ⁵그는 수도원장의 명령을 준수해야만 한다.

⁶그는 형제들을 귀찮게 하지 않아야 한다. ⁷만일 어떤 형제가 그에게 합리적이지 않은 것을 요구하더라도, 그는 그 형제를 경멸하면서 거절하거나 괴롭혀서는 안 된다. 그는 합리적이고 겸손한 태도로 그 부적절한 요청을 거절해야 한다. ⁸그는 사도가 다음과 같이 말한 것을 염두에 두면서 자신의 영혼을 잘 살펴보아야 한다. "자신의 직분을 잘 감당한 자들은 자신을 위한 좋은 지위를 얻느니라"딤전 3:13. ⁹그는 심판의 날에 병든 자와 어린이, 손님, 그리고 가난한 자에 대한 책임이 그에게 있다는 것을 확실히 알고, 그들에게 모든 관심을 쏟고 지극히 보살펴야 한다. ¹⁰그는 수도원의 모든 기구와 물품들을 제단에

서 쓰이는 거룩한 그릇처럼 여겨야 한다. ¹¹그는 무시해도 되는 것은 아무것도 없다는 사실을 인식하고 있어야 한다. ¹²그는 탐심을 내거나 수도원 물품을 헤프게 쓰거나 낭비하지 않아야 하고, 수도원장의 명령에 따라 모든 일을 적당하게 처리해야 한다.

¹³무엇보다도 그는 겸손해야 할 것이다. 만일 청구된 물품이 없다면, 그는 [물품을 청구한 이에게] 선한 말로 대답해야 할 것이다. ¹⁴[성경에] 이렇게 기록되어 있기 때문이다. "선한 말이 최상의 선물보다 낫다"^{시라서 18:17}. ¹⁵그는 수도원장이 그에게 맡긴 모든 것들을 잘 살펴야 하며, 수도원장이 금한 것을 주제넘게 행해서는 안 된다. ¹⁶그는 형제들이 유혹을 받지 않도록 하기 위해서 그들에게 할당된 일정한 양의 음식을 조금의 오만이나 지체함 없이 제공해야 할 것이다. 그는 성경에 기록된 바 가장 작은 자들 중 하나를 실족하게 한 사람^{마 18:6}을 위해 예비된 것이 무엇인지를 기억해야만 한다.

¹⁷만약 공동체의 규모가 제법 크다면, 그를 도와서 그에게 주어진 일들을 침착하게 처리할 수 있는 조력자를 두어야 한다. ¹⁸필요한 품목은 제 시간에 청구되어야 하고, 또한 지급되어야 한다. ¹⁹그렇게 함으로써 하나님의 집

에서는 그 누구도 불안해 하거나 괴로워해서는 안 된다.

제32장 수도원의 도구들과 물품들

¹수도원의 물품들, 즉 도구들과 의복, 또는 그 밖의 모든 것들은 수도원장이 임명한, 그리고 수도원장이 그 삶의 태도에 대해 신뢰할 수 있는 형제들에게 위임되어야 한다. ²그는 자신이 적합하다고 판단한 바에 따라 형제들에게 다양한 물품들을 잘 관리하고, 사용한 후에는 다시 회수할 수 있도록 분배해야 한다. ³수도원장은 이 목록들을 소장하고 있어야 한다. 그렇게 함으로써 수도원장은 그 형제들이 자신들에게 주어진 일들을 다른 이에게 인계할 때 무엇을 주고 무엇을 돌려 받는지 알 수 있다.

⁴수도원에 속한 물건을 청결하게 보관하지 못하거나 혹은 부주의하게 다루는 사람은 누구든지 책망을 받아야 한다. ⁵만일 그가 그런 행동을 고치지 않는다면, 그는 규칙이 정한 규율에 회부되어야 한다.

제33장 수도사의 사적 소유권

¹무엇보다도 이런 악한 관행은 수도원에서 근절되어야 한다. ²이 말은 수도원장의 명령 없이는 어느 누구도 주제넘게 [물건을] 주고 받으려고 해서는 안 된다는 것을 의미한다. ³아무것도, 곧 책이나 서판이나, 혹은 필기구 등의 물건들 중 단 하나의 품목이라도 자신의 것으로 소유해서는 안 된다. ⁴왜냐하면 수도사는 심지어 자신의 몸이나 의지까지도 자신의 몫으로 가져서는 안 되기 때문이다. ⁵그들은 필요한 것이 있으면 수도원의 아버지를 바라보아야만 하며, 수도원장이 주거나 허락하지 않은 그 어떤 것도 소유해서는 안 된다. ⁶[성경에] 기록된 바와 같이 "모든 물건을 공동의 소유물로 하여 아무도 어떤 것도 자기 것이라 하지 않게 해야 한다"행 4:32.

⁷그러나 만일 어떤 사람이 이런 가장 악한 행위에 사로잡힌다면, 그는 처음과 두 번째까지는 경고를 받아야 한다. ⁸그럼에도 불구하고 그가 고치기를 거부한다면, 그는 책벌을 받아야만 한다.

제34장 필요에 따른 물품의 분배

¹성경에 이렇게 기록되어 있다. "각 사람의 필요를 따라 나누어 줌이라"행 4:35. ²이것은 하나님께서 금지하신 편애를 의미하는 것이 아니라 약한 이들을 배려해야 한다는 뜻이다. ³보다 적게 필요한 사람은 누구나 하나님께 감사드리고 [적게 받은 것으로 인해] 괴로워하지 않아야 한다. ⁴보다 많이 필요한 사람은 자신에게 베풀어진 배려 때문에 자신이 중요하다고 생각하지 말고, 자신의 연약함으로 인해서 겸손해야 할 것이다. ⁵이런 방식으로 모든 이들이 평화롭게 될 것이다. ⁶무엇보다도 어떤 이유를 막론하고 불평이라는 악이 말로나 몸짓으로 표현되어서는 안 된다. ⁷그러나 만일 누군가가 불평에 사로잡힌다면, 그는 보다 엄격한 징계를 받아야만 한다.

제35장 주간週間의 주방봉사자들

¹형제들은 서로 섬겨야만 한다. 따라서 어느 누구라도 그가 아프거나 수도원의 다른 중요한 일에 종사하고 있지 않는 한, 주방봉사에서 면제를 받아서는 안 된다. ²그

와 같은 봉사가 보상을 더 받게 되며, 사랑을 키우기 때문이다. ³약한 사람들에게는 조력자를 두어 고통스럽지 않게 섬기게 해야 한다. ⁴그리고 모든 사람은 공동체의 규모나 지역의 상황에 따라 도움을 받아야 한다. ⁵만약 공동체의 규모가 제법 크다면, 살림책임자는 주방봉사에서 면제 받아야 한다. 또는 앞서 언급한 바와 같이 수도원의 보다 중요한 일에 종사하고 있는 사람들도 주방봉사를 면제받을 수 있다. ⁶다른 모든 사람들은 서로 사랑으로 섬겨야 한다.

⁷토요일에 [한 주간의] 주방봉사를 마감하는 형제들은 청소를 해야 한다. ⁸그는 형제들이 손과 발을 닦는 데 사용하는 수건을 세탁해야만 한다. ⁹봉사를 마치는 형제와 봉사를 시작하는 형제는 모든 사람들의 발을 씻겨야만 한다. ¹⁰주방봉사를 위해 필요한 도구는 모두 세척해서 무결한 상태로 살림책임자에게 반납해야 한다. ¹¹그는 그 주에 새로이 봉사를 시작하는 형제들에게 도구를 차례대로 분배해야 한다. 이러한 방식으로 살림책임자는 그가 분배해 준 것과 회수한 것을 알게 될 것이다.

¹²식사하기 한 시간 전에, 그 주의 주방봉사자는 정해진 양 이외에 약간의 빵과 음료 한 잔을 더 지급받아야

한다. ¹³그렇게 함으로써 그들은 식사 시간에 불평이나 어려움 없이 형제들을 섬기게 될 것이다. ¹⁴그러나 축일에는 해산할 때까지 기다려야 한다.

¹⁵주간 봉사를 마치는 사람들뿐만 아니라 시작하는 사람들은 주일 아침기도^{Lauds}를 마친 직후에 예배실^{Oratory}에서 모든 사람에게 공손히 절하며, 그들에게 기도를 요청해야 한다. ¹⁶그 주간의 봉사를 마치는 형제는 이 말씀을 암송하도록 한다. "주님을 송축합니다 주는 나를 돕고 위로하시는 분 이십니다"시 86:17. ¹⁷이 말씀을 세 번 반복해서 암송한 후에, 그 형제는 축복을 받는다. 그리고 나서 봉사를 시작하는 형제가 뒤이어 말씀을 암송한다. "하나님이여 나를 도우소서 주님 속히 나를 도우소서"시 70:1. ¹⁸그리고 모두 함께 이 말씀을 세 번 암송한다. 그리고 축복을 받은 후에 봉사를 시작한다.

제36장 병든 형제들

¹모든 일에 앞서 병든 형제를 돌봐야만 참으로 병든 형제들이 그리스도로 섬김을 받게 될 것이다. ²그리스도께서 이렇게 말씀하셨기 때문이다. "내가 병들었을 때에

네가 나를 찾아 보았다"마 25:36, ³너희가 여기 내 형제 중에 지극히 작은 자 하나에게 한 것이 곧 내게 한 것이니라"마 25:40. ⁴병든 형제들은 그들이 하나님에 대한 존경심으로 섬김을 받고 있다는 사실을 기억해야 한다. 그리고 무리한 요구로 인해 그들을 섬기는 형제들을 괴롭게 하지 않아야 한다. ⁵그럼에도 병든 형제들을 섬기는 일들은 보다 큰 상급을 받게 할 것이기 때문에, 섬기는 이들은 그들을 인내심을 가지고 대해 주어야 한다. ⁶따라서 수도원장은 그들이 소홀이 여겨지지 않도록 세심한 주의를 기울여야 한다.

⁷병든 자들을 위해서 독립된 공간이 마련되어야 한다. 그리고 하나님을 두려워하고, 배려가 깊고, 관심이 많은 간병인들이 그들을 돌보도록 해야 한다. ⁸병든 자들은 기회가 되는 한 자주 목욕을 할 수 있다. 그러나 건강한 사람들, 특히 젊은 사람들은 목욕하는 것을 보다 어렵게 허락을 받아야 한다. ⁹더욱이 병이 매우 깊은 자들은 원기를 회복하기 위해서 고기를 먹을 수 있다. 그러나 건강이 회복되고 나면 그들은 모두 고기를 평상시와 같이 삼가야 한다.

¹⁰수도원장은 살림책임자와 아픈 형제들을 돌보는 사

람들이 병든 이들을 소홀히 하지 않도록 각별한 주의를 기울여야만 한다. 왜냐하면 제자들의 잘못은 곧 그의 책임이기 때문이다.

제37장 연장자와 연소자

¹인간의 본성 자체가 늙은이들과 젊은이들을 긍휼히 여기는 경향이 있기는 하지만, 규칙의 권위가 이를 뒷받침해야 한다. ²그들에게는 충분한 [육체적] 힘이 없다는 사실을 항상 고려해야 하기 때문에, 그들에게 음식에 관한 엄격한 규정을 따르도록 요구해서는 안 된다. ³다만 사려 깊은 배려를 가지고 대해야 하며, 정해진 식사시간 전에 먹는 것을 허락해야 한다.

제38장 주간週間 독서자

¹형제들이 식사할 때에는 항상 [말씀을] 봉독해야 한다. 독서자는 우연히 책을 집은 사람이 아니라, 주일부터 시작해서 일주일 동안 읽을 사람이어야 한다. ²[직무를]

시작하는 독서자는 미사와 성찬식Communion의 마지막 기도가 마친 뒤에 모든 형제들에게 하나님께서 자만의 영으로부터 자신을 보호해 주시도록 기도할 것을 요청해야 한다. ³그는 예배실에서 이 말씀으로 봉독을 시작해야 한다. "주여 내 입술을 열어 주소서 내 입이 주를 찬송하며 전파하리이다"시 51:15. 그리고 모든 사람이 이 말씀을 세 번 말하도록 해야 한다. ⁴축복을 받은 후, 그는 한 주간의 봉독을 시작할 것이다.

⁵완전한 침묵을 유지하도록 해야 한다. 속삭이거나 말을 해서도 안 되고, 오직 거기서는 독서자의 소리만이 들리게 해야 한다. ⁶먹고 마실 때에 형제들은 교대로 서로의 필요를 채워줌으로써 그 누구도 어떤 것을 요구하지 않도록 해야 한다. ⁷그러나 만일 어떤 것이 필요하다면, 말보다는 음향신호로 요청하도록 해야 할 것이다. ⁸"[마귀에게] 틈을 주지"엡 4:27 않기 위해서 그 누구도 봉독[되는 글]이나, 다른 모든 것에 대해서 주제넘게 질문하지 못하도록 해야 한다. ⁹그러나 상급자는 가르침을 위해 몇 마디 말을 할 수도 있다.

¹⁰주간 독서자로 섬기는 형제는 성찬식으로 인해, 또는 금식이 감당하기에 힘들지 않도록 봉독을 시작하기 전에

묽은 포도주를 약간 마셔야만 한다. ¹¹그리고 후에 그 주간 주방봉사자와 [주방 혹은 병든 형제들을 돌보는] 지원자들과 함께 식사를 한다.

¹²형제들은 서열과는 무관하게 청중들을 유익하게 할 수 있는 능력에 따라 봉독을 하거나 찬미를 할 수 있다.

제39장 음식의 적절한 양

¹매일의 식사 때에 - 그것이 제6시(정오)이든지 아니면 제9시(오후 3시)이든지 - [사람마다] 약한 부분이 다르므로 모든 식탁마다 두 종류의 조리된 음식이 제공되면 충분하다고 우리는 믿는다. ²그리하여 한 종류의 음식을 먹을 수 없는 사람은 다른 음식을 먹을 수 있다. ³그러므로 두 종류의 조리된 음식은 모든 형제들이 먹을 수 있는 충분한 양이어야 한다. 만약 신선한 채소나 과일을 낼 수 있다면 별도의 접시로 제공될 것이다. ⁴하루 한 끼든지 혹은 점심과 저녁 두 끼든지 빵은 하루에 1리브라^{Libra}(역주: 로마의 무게 단위, 1리브라는 약340g에 해당한다.)를 넉넉히 지급하는 것으로 충분하다. ⁵하루 두 끼를 먹는 경우에 살림책임자는 하루에 쓸 빵의 3분의 1을 따로 떼어놓았다가 저녁식

사 때에 제공할 것이다.

⁶만약 노동이 평상시보다 고되었다면, 수도원장의 판단과 권한으로 추가적으로 무언가를 적절하게 제공할 수 있다. ⁷그러나 수도사들이 소화불량에 걸리지 않도록 하기 위해서 무엇보다 [음식에 대한] 탐닉은 피해야 한다. ⁸탐닉처럼 모든 기독교인의 삶과 모순되는 것은 없기 때문이다. ⁹우리 주님께서 이렇게 말씀하셨다. "너희는 탐닉으로 너희 마음을 짓누르지 않도록 스스로 조심하라"눅 21:34.

¹⁰모든 문제에 있어서 절약이 원칙이기 때문에, 젊은 소년들에게는 연장자들과 같은 양의 음식을 주지 말아야 한다. ¹¹매우 약한 자를 제외하고는 모든 사람들로 하여금 네 발 가진 짐승의 고기를 먹지 못하도록 할 것이다.

제40장 음료의 적절한 양

¹"모든 이들은 각각 하나님께 받은 자기의 은사가 있으니 이 사람은 이러하고 저 사람은 저러하다"고전 7:7. ²그러므로 우리가 다른 사람들을 위한 음식이나 음료의 양을 구체적으로 명시하기에는 약간의 어려움이 있다. ³그러

나 환자들의 질병을 충분히 고려하더라도 각각의 사람에게 하루에 1헤미나^Hemina(역주: 그리스-로마의 부피단위, 1헤미나는 약 0.273리터에 해당하는 것으로 추정된다.)의 포도주가 적절하다고 생각한다. ⁴그럼에도 불구하고 하나님께서 절제할 수 있는 힘을 주신 사람들은 그들이 그 대가를 받게 될 것이라는 사실을 알아야만 한다.

⁵상급자는 지역적 상황, 노동, 혹은 여름의 더위로 인해 보다 많은 음료를 필요로 하는 지를 결정하게 될 것이다. 그는 어떤 경우에든지 반드시 과음이나 술취함이 몰래 기어들어오지 않도록 잘 살펴야 한다. ⁶우리는 수도사들은 절대 포도주를 마셔서는 안 된다고 읽었다. 그러나 우리 시대에는 이 말이 수도사들에게 납득되지 않기 때문에, 우리는 적어도 과음하지 않는 적당한 양까지 마시기로 동의하자. ⁷이는 "포도주는 현명한 사람도 타락하게 하기"^시라서 19:2 때문이다.

⁸그러나 지역적 환경이 앞서 명기한 것보다 적은 양을 필요로 하거나, 심지어 전혀 필요로 하지 않은 곳에 사는 사람들은 불평하지 말고 하나님께 감사해야만 한다. ⁹우리는 무엇보다도 그들이 불평을 금하기를 권고한다.

제41장 형제들의 식사 시간

¹거룩한 부활절부터 성령강림절^{Pentecost}까지 형제들은 제6시^(정오)에 식사를 하고, 밤에 저녁을 먹는다. ²성령강림절에 시작해서 여름을 날 때까지 수도사들은 밭에서 일을 하거나 여름의 더위가 너무 심하지 않는 한 수요일과 금요일에는 제9시^(오후 3시)까지 금식한다.

³다른 날들에는 정오에 점심을 먹는다. ⁴수도원장은 그들이 밭에서 일을 하거나 여름의 더위가 아주 심할 경우에는 매일 정오에 점심을 먹도록 결정할 수 있다. ⁵이와 유사하게 수도원장은 영혼이 구원을 받도록, 그리고 형제들이 타당한 불평 없이 그들의 직무를 감당하도록 모든 문제를 조정하고 배열해야 한다.

⁶9월 13일부터 사순절이 시작될 때까지는 그들은 항상 제9시^(오후 3시)에 식사를 한다. ⁷마지막으로 사순절이 시작될 때부터 부활절까지는 저녁 무렵에 식사를 한다. ⁸저녁기도^{Vespers}를 일찍 집전하여 식사하는 동안 등불이 필요 없도록 해야 하며, 해가 있을 동안에 모든 일을 마쳐야 한다. ⁹언제든지 해가 있는 동안에 모든 일을 끝낼 수 있도록 점심이나 저녁 식사시간을 그와 같이 조정해야 한다.

제42장 마지막 기도Compline (종도終禱) 후의 침묵

¹수도사들은 항상 침묵하기에 힘써야 하는데, 특히 밤에는 더 그러하다. ²따라서 금식하는 날들이든지, 평상시든지 다음과 같이 [순서를] 해야 한다. ³식사를 두 번 할 때에는 저녁식사 자리에서 일어서자마자 모든 수도사들이 함께 모여 앉을 것이다. 누군가가 《담화집》Collationes(역주: 여기서 말하는 담화집은 요한 카시아누스 Johnnes Cassianus가 내면 생활에 대하여 이집트 사막의 교부들과의 대화 형태로 기록한 책으로 추정된다.)이나 교부들의 전기Vitas Patrum(역주: 수도사들의 삶과 금언에 대해 기록한 다양한 이야기들), 또는 청중들에게 유익이 될 만한 무언가를 읽어야 한다. ⁴그러나 이해력이 부족한 사람들은 그 시간에 모세오경, 〈여호수아〉, 〈사사기〉, 그리고 〈열왕기〉를 듣는 것이 유익하지 않기 때문에 읽지 말아야 한다. 그것은 다른 시간에 읽혀져야 한다.

⁵이전에 말한 바와 같이 금식하는 날에는 저녁기도Vespers와 《담화집》을 읽는 시간 사이에 약간의 휴식이 필요하다. ⁶네 쪽이나 다섯 쪽, 또는 시간이 허락하는 만큼 많이 읽도록 한다. ⁷이 독서시간에는 일정한 직무가 주어진 사람이라도 다 함께 참석하도록 한다. ⁸모든 사람이 모이면, 마지막 기도Compline를 해야 한다. 그리고 마지막 기

도를 마치고 일어서는 순간부터 더 이상 말을 해서는 안 된다. ⁹만일 한 형제가 침묵의 규율을 어긴다면, 그는 중한 책벌에 처해져야 한다. ¹⁰손님이 무언가를 필요로 하거나, 수도원장이 누군가에게 명령을 내릴 때는 예외가 적용된다. ¹¹하지만 이러한 경우라도 매우 진지하게 적절히 절제하면서 예외를 적용해야 한다.

제43장 '하나님의 일'^{Opus Dei}이나 식사에 늦음

¹성무일도 시간을 알리는 신호를 듣자마자, 수도사들은 즉시 손에 들고 있던 모든 일들을 제쳐놓고 가장 빠른 속도로 가야한다. ²그러나 엄숙하게 그리고 장난스럽지 않게 움직여야 한다. ³진정 어떤것도 '하나님의 일'보다 더 우선시 되어서는 안 된다.

⁴만약 야간기도^{Vigils} 시간에 〈시편〉 94[95]편과 함께 드리는 "아버지께 영광을" 이후에 들어오는 사람이 있으면 – 그런 까닭에 우리가 매우 신중하게 천천히 암송하려고 하지만 – 그는 보통 그가 서던 찬양대 자리에 서서는 안 된다. ⁵그는 수도원장이나 모든 형제들이 볼 수 있도록 맨 마지막 자리나, 혹은 수도원장이 늦는 사람들을 위

해 별도로 지정한 자리로 가야한다. [6]그곳에서 '하나님의 일'이 끝나고 공적인 보속을 통해 회개할 때까지 서 있어야만 한다. [7]그러므로 우리가 그들을 맨 마지막 자리나 다른 사람들로부터 떨어진 자리에 세우도록 결정한 것은 그들로 다른 사람들의 시선을 끌게 함으로써 부끄러움을 느껴 [지각하는] 습관을 고치도록 하기 위함이다. [8]그들을 만일 예배실 밖에 머물게 한다면, 그들은 잠을 자러 들어가거나, 최악의 경우 밖에 편안히 앉아서 잡담을 함으로써 결국에는 "마귀에게 틈을 주게"엡 4:27 될 것이다. [9]그러므로 그들은 모든 것을 잃지 않고, 앞으로는 [그런 잘못을] 저지르지 않도록 예배실 안으로 들어와야 한다.

[10]낮에 드리는 시간전례에서도 개회 구절과 첫 번째 시편송에 이어지는 "아버지께 영광을" 후에 들어오는 사람에게 똑같은 규칙이 적용된다. 그는 맨 마지막 자리에 서 있어야 한다. [11]수도원장이 용서하고 예외를 인정하지 않는 한, 그는 보속을 할 때까지 시편송을 바치는 찬양대에 들어가서는 안 된다. [12]그리고 수도원장이 예외를 인정한 경우라도 잘못한 사람은 반드시 보속을 해야 한다.

[13]그러나 만약 한 형제가 모든 사람들이 [공동식사를 위해] 말씀을 암송하고, 기도하고, 함께 식탁에 앉기 전

에 도착하지 않았다면, [14]그리고 만일 이런 잘못이 그 사람의 개인적인 부주의나 실수로 인해 발생한 것이라면, 그는 두 번까지 책망을 받도록 해야 한다. [15]그럼에도 불구하고 그가 여전히 고치지 않는다면, 그를 공동식사에 참석하지 못하게 하고, [16]모든 사람들로부터 떨어진 곳에서 홀로 식사하게 해야 한다. 보속이 끝나고 잘못을 고칠 때까지는 그의 몫으로 정해진 포도주도 제공해서는 안 된다. [17]식사 후에 암송하는 말씀에 참여하지 않는 사람도 같은 방식으로 처리해야 한다.

[18]그 누구도 감히 정해진 시간 전이나 후에 먹거나 마셔서는 안 된다. [19]또한 만약 어떤 사람이 상급자가 주는 것을 거절했다가, 나중에 그가 거절했던 것이나 혹은 다른 것을 원한다면, 그는 자신의 잘못을 적절하게 고칠 때까지 결코 아무것도 받아서는 안 된다.

제44장 파문에 의한 보속

[1]중대한 잘못으로 인해 예배실에 들어가지도 못하고 공동체 식사에도 참여할 수 없는 사람은 '하나님의 일'의 집전이 끝날 때에 조용히 예배실 문 앞에 엎드려야만 한

다. ²그는 형제들이 예배실을 나갈 때 그들의 발치에서 얼굴을 땅으로 향하고 엎드려야 한다. ³수도원장이 완전히 보속했다고 판단할 때까지 그렇게 해야 한다. ⁴다음으로 수도원장의 명령에 의해 그는 모든 형제들이 자신을 위해 기도할 수 있도록 수도원장과 형제들의 발 앞에 차례로 엎드려야 한다. ⁵그러고 나서 수도원장이 명령을 내리면 그는 비로소 수도원장이 지정한 찬양대의 자리로 들어올 수 있다. ⁶그렇다 하더라도 그가 수도원장으로부터 또 다른 지시를 받기 전에는 예배실에서 시편송이나 봉독이나 그 어떤 것을 인도하려고 해서는 안 된다. ⁷게다가 '하나님의 일'이 끝날 때면 항상 그가 있던 자리에서 엎드려야만 한다. ⁸그는 수도원장이 그만두라고 할 때까지 이런 형태의 보속을 계속해야 할 것이다.

⁹보다 덜 심각한 잘못으로 공동체 식사에 들어설 수 없는 자들은 수도원장이 명할 때까지 예배실 안에서 보속해야만 한다. ¹⁰그들은 수도원장이 축복하며 "족하다"라고 할 때까지 그렇게 해야 한다.

제45장 예배실에서의 실수들

[1] 만일 한 형제가 시편송, 교독문^{Responsoria}, 후렴, 또는 봉독을 하다가 실수를 하면, 그는 모든 사람들이 있는 자리에서 보속을 해야만 한다. 만약 그가 이런 식으로 자신을 낮추지 않는다면, 보다 엄격한 책벌에 처해질 것이다. [2] 왜냐하면 그는 부주의로 인한 잘못을 겸손하게 고치지 못했기 때문이다. [3] 그러나 어린이들은 이런 경우에는 채찍을 맞아야만 한다.

제46장 다른 일로 인한 잘못들

[1] 만일 어떤 사람이 주방, 창고, 식당, 제빵실, 정원, 작업장, 혹은 그 밖에 다른 곳에서 어떤 일을 하다가 잘못을 한다면 [2] 즉 무언가를 파손, 분실, 또는 어떤 다른 식의 잘못을 한다면, [3] 그는 즉시 수도원장과 공동체 앞에 나아와서 자발적으로 자신의 잘못을 인정하고 보속해야만 한다. [4] 만약 다른 사람을 통해 그 사실이 알려지게 된다면, 그는 보다 심각한 처벌을 받게 될 것이다.

[5] 그런데 죄의 원인이 그의 마음 가운데 은밀하게 숨겨

져 있다면, 그는 자신의 잘못을 [여러 사람 앞에서 공개하는 대신에] 수도원장이나 영적인 어른 중 한 명에게 고백해야 한다. ⁶그들은 자신들의 상처는 물론 다른 이들을 상처를 폭로하거나 공개하지도 않고서도 어떻게 치유해야 하는가를 알고 있기 때문이다.

제47장 '하나님의 일'을 위한 시각의 공표

¹주야간에 '하나님의 일'을 위한 시각을 알리는 것은 수도원장의 일이다. 그는 몸소 그렇게 하거나, 또는 성실한 형제에게 그 책임을 맡김으로써 모든 일이 적절한 시간에 이루어지도록 할 수 있다.

²오직 그렇게 임명된 형제들만이 서열을 따라 수도원장 다음으로 시편송과 후렴을 인도할 수 있다. ³청중을 유익하게 할 수 없는 사람은 그 누구도 절대로 봉독과 찬미를 하려고 해서는 안 된다. ⁴이 모든 일은 겸손함, 엄숙함, 그리고 하나님을 경외함으로써, 또한 수도원장의 요청이 있을 때만 하도록 할 것이다.

제48장 매일의 육체노동

¹게으름은 영혼의 적이다. 그러므로 형제들은 거룩한 독서Lectio Divina(역주: 렉시오 디비나는 거룩한 책, 곧 성경과 교부들의 글 등을 읽고 묵상하며 기도하는 것을 의미한다.)뿐만 아니라 육체노동을 위한 구체적인 시간을 배정야 한다.

²우리는 그 두 가지를 위한 시간이 다음과 같이 배정되어야 한다고 생각한다. ³부활절에서부터 10월 1일까지는 제1시 기도 후부터 제4시까지 필요한 여러 종류의 노동을 하면서 아침 시간을 보내게 될 것이다. ⁴제4시부터 제6시까지는 독서에 전념한다. ⁵그러나 제6시와 식사 시간 후에는 각자의 침대에서 철저한 침묵 가운데 휴식할 수 있다. 그러나 만일 개인적으로 독서를 하고자 원하는 형제가 있다면, 그는 다른 사람을 방해하지 않는 한에서 그렇게 해도 된다. ⁶그들은 제9시 기도를 약간 앞당겨, 즉 제8시와 제9시 중간쯤에 하고, 저녁기도Vespers 시간까지 필요한 노동을 하러 가야 한다. ⁷지역적 상황이나 수도원의 빈곤으로 인해서 그들이 직접 추수를 하게 되더라도 괴로워하지 않아야 한다. ⁸우리의 교부들이나 사도들이 한 것처럼 자신의 손으로 수고한 것을 먹을 때, 그들은 비로소 진정한 수도사가 되기 때문이다. ⁹다만 소극적인

사람들을 위하여 모든 일을 적당하게 해야 한다.

¹⁰10월 1일부터 사순절이 시작될 때까지는 형제들은 제2시가 끝날 때까지 독서에 전념해야 한다. ¹¹이 때에 제3시 기도를 바친다. 그리고 제9시까지는 각자에게 배정된 일을 해야 한다. ¹²제9시를 알리는 첫 번째 신호가 울리면 모든 이들은 하던 일을 내려놓고 두 번째 신호를 기다린다. ¹³그리고 그들은 식사 후에는 독서나 시편송에 전념한다.

¹⁴사순절 동안 아침에는 제3시까지 자유롭게 독서하고, 그 후부터 그들은 제10시가 끝날 때까지 각자에게 주어진 일을 한다. ¹⁵이 사순절 기간에는 모두 도서관에서 책 한 권씩을 받아 처음부터 끝까지 다 읽어야 한다. ¹⁶책은 사순절이 시작될 때 분배될 것이다.

¹⁷무엇보다도 형제들이 독서를 하는 동안 한두 명의 연장자들은 수도원을 돌아다니면서 수도사들을 살펴야 한다. ¹⁸그들의 의무는 아무 생각 없이 시간을 낭비하거나, 독서는 소홀히 한 채 한가로이 잡담을 함으로써 자신에게 해가 될 뿐만 아니라 다른 사람들을 방해하는 형제가 있는지 감찰하는 일이다. ¹⁹만약 하나님께서 금하신 그러한 행동을 하는 형제가 있다면, 그는 첫 번째와 두 번째

까지는 꾸짖음을 받을 것이다. [20]그럼에도 불구하고 그가 고치지 않는다면, 그는 규칙이 정한 처벌을 받음으로써 다른 형제들에 대한 경고가 될 것이다. [21]더 나아가 적절하지 않은 시간에 다른 형제들과 어울려서는 안 된다.

[22]주일에는 다양한 임무들이 맡겨진 사람을 제외하고는 모두 독서를 해야 한다. [23]만일 어떤 형제가 나태하거나 게을러서 공부와 독서를 꺼려하거나 할 수 없다면, 그가 게을러지지 않도록 다른 일을 주어야만 한다.

[24]아프거나 연약한 형제들에게는 [일의 부담으로] 그들을 압도하거나 도망가게 하지 않으면서도 부지런하게 만드는 종류의 일이나 작업을 주어야 한다. [25]수도원장은 반드시 그들의 약함을 고려해야 한다.

제49장 사순절의 준수

[1]수도사의 삶은 사순절의 연속이어야 한다. [2]그러나 이렇게 할 수 있는 강인함을 가진 사람은 거의 없기 때문에, 우리는 사순절 동안만이라도 공동체의 모든 형제들이 지극히 순결한 삶의 방식을 유지하고, [3]이 거룩한 기간 동안 평소 가지고 있던 태만에서 벗어날 것을 촉구한

다. ⁴우리가 이렇게 할 수 있는 적절한 방법은 먼저는 악한 습관에 빠져드는 것을 거부하는 것이며, 다음으로는 참회의 기도, 독서, 마음의 성찰, 자기부인 등에 전념하는 것이다. ⁵그러므로 우리는 사순절 기간에는 평상시에 섬기는 방법[예: 찬송, 독서 등]에다가 개인기도와 음식물의 절제와 같은 추가적인 방법을 더하게 될 것인데, ⁶그것은 우리 각자가 "성령의 기쁨"살전 1:6을 가지고 징해진 의무 이상의 무언가를 자신의 의지로 하나님께 드리기 위해서이다. ⁷다시 말해서, 우리 모두 다소간의 음식, 음료, 수면, 불필요한 대화와 한가한 농담을 거부하고, 기쁨과 영적 갈망을 가지고 거룩한 부활절을 고대하자.

⁸그러나 모든 일은 수도원장의 기도와 승인 하에서 행해져야 하기 때문에 형제들은 그들이 하고자 하는 모든 것을 수도원장에게 알려야 한다. ⁹영적인 아버지의 허락 없이 이루어진 것은 그 무엇이든 주제넘음과 허영심으로 여겨질 것이며 보상받을 가치가 없다. ¹⁰그러므로 모든 것은 수도원장의 승인과 함께 행해져야만 한다.

제50장 먼 곳에서 일하거나 여행 중에 있는 형제들

[1] 먼 곳에서 일하고 있어서 시간에 맞춰 예배실로 돌아올 수 없는 형제들, [2] 그리고 수도원장이 그러한 경우라고 판단한 형제들은 [3] 그들이 있는 곳에서 '하나님의 일'$^{Opus\ Dei}$을 해야 하며, 하나님을 향한 경외심으로 무릎을 꿇어야 한다. [4] 그리고 여행 중에 있는 형제들도 정해진 시간 전례들을 빠뜨리지 말고 할 수 있는 한 최선을 다해 지키며 섬기는 방법들[예: 찬송, 독서 등]을 소홀히 하지 말아야 한다.

제51장 짧은 여행 중에 있는 형제들

[1] 만일 한 형제가 심부름을 하게 되었는데 당일 수도원으로 돌아올 수 있으리라 판단되면, 긴급한 초대를 받았을지라도 감히 [수도원] 밖에서 식사하려고 해서는 안 된다. [2] 수도원장의 허락이 없는 한 그렇게 해야 한다. [3] 만일 그렇게 하지 않을 경우 그는 파문 당할 것이다.

제52장 수도원의 예배실

¹예배실은 말 그대로 예배실이어야 한다. 그곳에서는 아무것도 해서는 안 되고, [그 무엇을] 저장해서도 안 된다. ²'하나님의 일'Opus Dei이 끝나면 모든 사람은 하나님을 경외하는 마음으로 완전한 침묵 가운데 자리를 떠나야 한다. ³그렇게 해야 홀로 기도하기를 원하는 형제들이 다른 형제들의 무심한 행동으로 인해 방해를 받지 않을 것이다. ⁴더욱이 다른 시간에 개인적으로 기도하기를 원하는 경우라면, 그는 조용히 예배실에 들어가서 기도하되, 큰소리로 하지 말고 눈물과 진심盡心으로 기도한다. ⁵그러므로 앞서 언급한 것처럼 이런 방법으로 기도하지 않을 사람은 '하나님의 일'Opus Dei이 끝나고 예배실에 남아서는 안 된다. 그러면 그는 그 누구도 방해하지 않을 것이다.

제53장 손님의 영접

¹방문한 모든 손님을 그리스도처럼 영접해야 한다. 그리스도께서 이렇게 말씀하실 것이기 때문이다. "내가 나

그네 되었을 때에 네가 나를 영접하였다'"마 25:35. ²"모든 사람, 특히 우리와 같은 믿음을 가지고 있는 이들'갈 6:10참조과 순례자들을 합당하게 공경해야 한다.

³일단 손님이 왔다고 전갈이 오면, 상급자와 형제들은 사랑의 마음으로 최대한 정중하게 그를 맞아야만 한다. ⁴무엇보다도 그들과 함께 기도해야 하며, 그로 인해 화평 가운데서 하나가 되어야 한다. ⁵그러나 사탄의 속임수 때문에 평화의 입맞춤보다 기도가 선행되어야만 한다.

⁶손님이 도착하거나 출발할 때에는 매우 겸손하게 인사해야 한다. ⁷머리를 숙이거나, 몸을 완전히 엎드리면, 그로 인해 그리스도가 경배를 받게 된다. 왜냐하면 그분은 진실로 손님들 안에서 환영을 받으시기 때문이다. ⁸손님들을 영접한 후에, [같이] 기도하자며 그들을 초청해야 한다. 그리고 나서 상급자나 [손님 접대를] 담당하는 형제가 그들과 함께 자리할 것이다. ⁹손님을 지도하기 위해서 하나님의 법을 들려준 후, 그를 가장 친절하게 대해야 한다. ¹⁰파기할 수 없는 특별한 금식일이 아닌 한 상급자는 손님을 위해서 금식을 포기할 수 있다. ¹¹그러나 형제들은 일상적인 금식을 준수해야 한다. ¹²수도원장은 손님들의 손에 물을 부어줄 것이며, ¹³공동체의 모든 형

제들은 수도원장과 함께 그들의 발을 씻길 것이다. [14]그 후에 다음 말씀을 낭송할 것이다. "하나님이여 우리가 주의 전 가운데서 주의 자비를 받아들였나이다"[시 48:9].

[15]가난한 사람들이나 순례자들은 극진한 돌봄과 관심으로 영접해야 한다. 그들 안에서 그리스도께서 보다 특별하게 영접을 받으시기 때문이다. 왜냐하면 부자들은 [하나님을 경외하는 마음이 아니라] 부자들에 대한 두려움 그 자체로 인해 존중을 받기 때문이다.

[16]수도원장과 손님들을 위한 주방은 별도로 분리되어 있어야 한다. 그렇게 함으로써 수도원에서 늘 일어나게 마련인, 즉 예측할 수 없는 시간에 찾아오는 손님들이 형제들을 방해하지 않도록 해야 한다. [17]해마다 유능한 두 명의 형제에게 주방 일을 맡겨야 한다. [18]그리고 필요할 때면 언제나 보충 인원을 지원받을 수 있게 해야 한다. 그래야 그들이 불평 없이 이 직무를 감당할 수 있다. 반면에 일이 한가할 때에는 그들이 배정받은 다른 직무를 위해 또 다른 일터로 나가야만 한다. [19]이러한 배려는 주방봉사자만을 위한 것이 아니라, 수도원에 있는 모든 봉사에 적용되어야 한다. [20]형제들은 필요할 때에는 항상 도움을 받을 수 있어야 하고, 그들이 한가할 때면 어디서

든지 그들에게 배정되는 곳에서 일을 해야 한다.

^{21}손님들의 숙소는 하나님을 두려워하는 형제에게 위임되어야만 한다. ^{22}그곳에는 침구를 충분히 갖추어두어야 한다. 하나님의 집은 그것을 지혜롭게 잘 관리할 수 있는 형제의 돌봄 가운데 있어야만 할 것이다.

^{23}제의를 받지 않는 한 형제들은 손님과 대화를 하거나 교제를 해서는 절대 안 된다. ^{24}그러나 만약 형제들이 손님과 마주치게 된다면, 앞서 말한 것처럼 그에게 겸손하게 인사해야 한다. 그는 손님에게 강복을 청하고, 손님과 대화하는 것이 금지되어 있다는 사실을 설명하면서 바로 자신의 길로 향해야 한다.

제54장 수도사들을 위한 편지나 선물

^{1}수도원장이 허락하지 않는 한 어떤 상황에서도 수도사는 그의 부모님이나 지인들, 그리고 동료 수도사들과 편지, 신성한 물건들, 혹은 어떤 종류의 작은 선물이라도 교환해서는 안 된다. ^{2}심지어 부모가 보낸 것이라 할지라도 그는 사전에 수도원장에게 알리지 않은 채로 감히 선물을 받아서는 안 된다. ^{3}만일 수도원장이 받는 것을 승

인한다고해도, 그가 자신이 원하는 사람에게 그 선물을 줄 수 있는 권한을 가지고 있다. ⁴그리고 원래 그 선물을 받은 형제는 "마귀에게 틈을 주지"^{엡 4:27} 않기 위해서 [다른 형제에게 선물이 보내진 것으로] 괴로워하지 않아야만 한다. ⁵누구든지 다른 방식으로 행동하려는 사람은 규칙이 정한 징계를 받을 것이다.

제55장 형제들의 옷과 신발

¹형제들에게 지급되는 의복은 지역적 상황이나 기후에 따라 달라야 한다. ²왜냐하면 추운 지역에서는 많이 필요하고, 더운 지방에서는 적게 필요하기 때문이다. ³이것을 결정하는 것은 수도원장의 몫이다. ⁴온난한 지역의 수도사에게는 두건과 겉옷^{Tunicam}이면 충분할 것이다. ⁵겨울에는 모직 두건이 필요하고, 여름에는 얇거나 혹은 낡은 것도 무방하다. ⁶또한 노동을 위한 어깨에 걸치는 성의^{Scapular}(역주: 어깨 넓이의 긴 망토로 어깨에 걸쳐서 겉옷의 앞과 뒤를 덮는 수도사의 복장)와 샌들과 단화 모두 필요하다.

⁷수도사들은 이런 모든 물품의 색이나 재질의 조잡함에 대해 불평해서는 안 된다. 다만 적절한 가격이라면 인

근에서 파는 것은 무엇이든지 사용해도 된다. ⁸그러나 수도원장은 의복들의 치수에 관심을 가지고 입는 사람들에게 너무 짧지 않고 적절하도록 해주어야 한다.

⁹새 의복이 주어지면, 낡은 의복은 즉시 반납해서 가난한 사람들을 위해 의복실에 보관해야 한다. ¹⁰모든 수도사들은 세탁할 때와 잠잘 때를 위해 두 벌의 두건과 겉옷이 필요할 것이다. ¹¹그 이상의 것은 불필요한 것이므로 치워버려야만 한다. ¹²새 물품이 지급되면, 신발 또는 그 밖의 낡은 것은 모두 반납해야만 한다.

¹³여행을 떠나는 형제들은 의복실에서 속옷을 지급받아야 한다. 그리고 돌아오는 즉시 세탁해서 반납해야 할 것이다. ¹⁴또한 두건과 튜닉은 그들이 일상적으로 입는 것보다 다소 좋은 것이어야 한다. 출발하기 전 의복실에서 이런 것들을 제공받게 하고, 돌아오면 그것들을 반납해야 한다.

¹⁵수도사들의 침구로는 베게는 물론이거니와 요褥, 모직 담요, 그리고 가벼운 덮개가 필요할 것이다.

¹⁶개인 물품이 있는지 확인하기 위해서 수도원장은 자주 침대를 검사해야만 한다. ¹⁷수도원장이 지급하지 않은 것이 나온 수도사는 매우 중한 처벌을 받아야만 한다.

¹⁸사적 소유라는 악을 완전히 근절하기 위해 수도원장은 필요한 모든 것, ¹⁹즉 두건, 겉옷, 샌들, 단화, 허리띠, 칼, 펜, 바늘, 손수건, 그리고 서판을 제공해야만 한다. 이렇게 함으로써 무언가가 부족하다고 변명할 여지를 남기지 말아야 한다.

²⁰그러나 수도원장은 〈사도행전〉에 기록된 다음과 같은 말을 항상 마음에 간직하고 있어야만 한다. "각 사람의 필요를 따라 나누어 줌이라"행 4:35. ²¹이런 방식을 통해 수도원장은 시기에서 나는 악한 의지가 아니라, 필요에서 나오는 연약함을 고려할 것이다. ²²그는 이런 모든 판단을 할 때 하나님의 징벌을 염두에 두어야만 한다.

제56장 수도원장의 식탁

¹수도원장은 항상 손님이나 여행자들과 함께 식탁에 앉아야 한다. ²손님이 없을 때에는 언제나 형제들 중 그가 원하는 사람을 자신의 식탁으로 초대할 권한이 있다. ³그러나 규율을 유지하기 위해서 반드시 한두 명의 연장자는 형제들과 함께 남도록 해야만 한다.

제57장 수도원의 장인匠人들

¹만일 수도원에 장인들이 있다면, 그들은 오직 수도원장의 승인 아래에서 매우 겸손하게 자신들의 재능을 발휘해야 한다. ²만약 그들 중 한 명이 자신의 재능의 탁월함으로 교만해져서, 자신이 수도원에 무언가를 주고 있다고 느낀다면, ³그가 재능을 발휘하지 못하도록 해야 하고, 그가 겸손함을 증명함으로써 수도원장이 그가 그 작업을 다시 하도록 지시하지 않는 한, 감히 그 일을 다시 하지 못할 것이다.

⁴장인들의 공예품들이 판매될 때, 판매를 담당하는 형제들은 어떤 속임수도 쓰려고 해서는 안 된다. ⁵그들로 하여금 [스스로] 육체적인 죽음을 초래한 아나니아와 삽비라행 5:1-11를 항상 기억하게 하라. ⁶그래야 그들과 수도원의 일에서 속임수를 쓴 모든 이들이 영적 죽음으로 고통을 당하지 않을 것이다.

⁷값을 정할 때에는 탐욕의 죄가 자리 잡지 못하게 해야 한다. ⁸그러므로 수도원 밖에 있는 사람들이 정하는 것보다 값을 약간 적게 매겨서, ⁹"범사에 하나님이 영광을 받으시게"벧전 4:11 해야만 한다.

제58장 형제들의 입회절차 入會節次

¹새로운 지원자들을 수도생활로 쉽게 받아들여서는 안 된다. ²대신 사도가 말한 것처럼 영들이 하나님께로부터 왔는지 시험해야 한다요일 4:1. ³그러므로 만일 누군가가 찾아와 [입회하기 위해] 계속해서 문을 두드린다면, 그리고 사오 일이 지나도록 모진 대우와 입회의 난관을 참을성 있게 견디며 계속해서 입회를 요청한다면, ⁴그를 수도원 안으로 들어오도록 허락을 한 후, 손님들의 숙소에서 며칠을 묵게 한다. ⁵그 후에 그는 수련관, 즉 수련 수사들이 공부하고, 먹고, 잠자는 곳에서 살게 될 것이다.

⁶그들을 매우 사려 깊게 돌보기 위해 영혼을 이끄는 데에 재능이 있는 연장자들이 선출되어 임명되어야 한다. ⁷그들은 수련 수사가 진정으로 하나님을 찾는지, 그가 '하나님의 일'Opus Dei이나 순종, 그리고 고난에 열정을 보이는지 관심을 기울여야만 한다. ⁸수련 수사는 그들을 하나님께로 이끌게 될 모든 고난과 어려움에 대해서 분명히 들어야만 한다.

⁹만약 그가 수도원에 정주定住하며 인내할 것을 약속한다면, 두 달 후에 그에게 이 규칙을 처음부터 끝까지 읽어준다. ¹⁰그리고 그에게 다음과 같은 말을 들려준다.

"이것이 당신이 그 아래에서 섬기고자 선택한 그 법입니다. 만일 당신이 지킬 수 있다면 들어오고, 그럴 수 없다면 부담 없이 떠나도 됩니다." ¹¹만약 그의 의지가 여전히 확고하다면, 그를 수련관으로 돌려보내서 다시 철저하게 인내심을 검증해야 한다. ¹²육 개월이 경과한 후에 그에게 이 규칙을 다시 읽어줌으로써, 그로 하여금 수도원에 들어온다는 것이 무엇을 의미하는가를 알게 해준다. ¹³만일 다시 한 번 그의 의지가 확고하다면, 사 개월을 더 지내게 하고 다시 이 규칙을 들려줘야 한다. ¹⁴충분히 심사숙고 한 후에 그가 모든 규칙을 지키고, 그에게 주어진 모든 명령에 순종하겠다고 약속한다면, 그제서야 공동체에 받아들여 질 것이다. ¹⁵그러나 그는 다음과 같은 사실을 확실히 인식해야 한다. 그는 그날부터 이 규칙이 정한 법에 의해서 더 이상 자유롭게 수도원을 나갈 수 없으며, ¹⁶또한 그렇게 오랜 동안 심사숙고하면서 그가 자유롭게 거부하거나, 또는 받아들일 수 있었던 이 규칙이라는 멍에를 더 이상 그의 목에서 벗겨낼 수 없다.

¹⁷입회가 허락되면, 그는 예배실에 모인 모든 공동체 앞에 서서 수도원에 정주할 것과 수도생활에 충실하게 임할 것과 순종할 것을 약속한다. ¹⁸이 약속은 수련수사

로 하여금 그가 다른 식으로 행동한다면 자신이 조롱한 사람에 의해 확실히 비난을 받을 것이라는 사실을 이해하게 하기 위해서 하나님과 그의 성인들 앞에서 행해진다. [19]그는 그곳에 유물이 모셔져 있는 성인들과 그 자리에 참석한 수도원장의 이름으로 작성된 문서에 그의 약속을 진술한다. [20]수련 수사는 직접 이 문서를 작성하는데, 만일 문맹이라면 다른 사람에게 자신을 대신해 문서를 작성하도록 부탁하고 그 위에 자신의 흔적을 남겨서 그 자신의 손으로 그것을 제단에 봉헌한다. [21]제단에 문서를 봉헌한 후, 수련 수사는 다음의 말씀을 낭송한다. "주여, 주님께서 약속하신 대로 나를 받으소서 그러면 내가 살리이다 내 소망이 부끄럽지 않게 하소서" 시 119:116. [22]그리고 모든 형제들이 이 말씀을 세 번 반복한 다음 "아버지께 영광을"을 덧붙인다. [23]그리고 나서 수련 수사는 모든 수도사들의 발 앞에 엎드려 자신을 위해 기도해 주기를 간구한다. 그리고 그날부터 그는 공동체의 일원 중 하나로 계수될 수 있다.

[24]만약 그가 어떤 소유물을 가지고 있다면, 자신을 위해 단 한 가지라도 남겨두지 말고, 사전에 가난한 자들에게 주거나 수도원에 공식적으로 기부해야 한다. [25]뿐만 아니

라 그는 그날부터 자신의 육체까지도 자신이 마음대로 할 수 없다는 사실을 반드시 인식하고 있어야만 한다. [26]그리고 예배실에서 그가 입고 있던 자신의 모든 것을 벗어버리고, 수도원에 속한 것들로 갈아입어야 한다. [27]그가 벗은 의복은 치워서 의복실에 잘 간직해 둔다. [28]그렇게 해야 그가 만일 사단의 제안에 동의하여 수도원을 떠난다면 – 이것은 하나님께서 금하신 일이지만 – 추방당하기 전에 그가 수도원에서 입었던 옷을 벗을 수 있을 것이다. [29]그러나 수도원장이 제단으로부터 거두어 간직한 문서는 그에게 돌려주지 말고, 수도원에 보관해야 한다.

제59장 귀족들이나 가난한 자들이 아들을 봉헌함

[1]만일 귀족 중 한 사람이 그의 아들을 하나님께 드리고자 하는데, 그 소년이 너무 어리다면, 부모가 앞서 언급한 문서에 서명할 수 있다. [2]그리고 나서 선물을 바칠 때 그 문서와 소년의 손을 제단의 천으로 싼다. 이것이 그들이 아들을 봉헌하는 방법이다.

[3]재산에 관해서 그들은 개인적으로나, 중개자를 통해서, 또는 어떤 방법으로든, 어느 때든, 그 소년에게 어떤 것을

주거나 그 소년이 무언가를 소유할 수 있는 기회를 결코 제공하지 않겠다는 엄중한 약속을 그 문서에 써야만 한다. ⁴만일 그들이 이렇게 하기를 꺼려하면서 보상을 받기 위해 수도원에 무언가를 헌납하기 원한다면, ⁵자신들을 위한 수익을 남겨둔 채, 그들이 수도원에 헌납하기 원하는 것들을 공식적으로 기부해야 한다. ⁶이것을 통해 소년이 자신을 속이거나 파괴할 수 있는 어떤 기대도 품을 수 없도록 모든 길을 차단해야 한다. 하나님께서 이 일을 막으실 것이다. 그러나 우리는 이것이 일어날 수 있다는 것을 경험을 통해 배워왔다.

⁷가난한 사람들도 이와 같이 할 것이다. ⁸그러나 아무 것도 가지지 않은 사람들은 오직 문서에 서명만 하고, 여러 중인들 앞에서 그들의 아들을 선물로 드릴 것이다.

제60장 사제Priest의 수도원 입회

¹서품을 받은 사제가 수도회에 입회하기를 요청할 경우, 너무 빨리 동의하지 말라. ²그러나 만일 그가 끈질기게 요청한다면, 그는 규칙이 정한 훈련을 완전히 준수해야 할 것이라는 사실을 반드시 인식해야 한다. ³어떤 규

제 완화도 없다. 그리고 "친구여, 너는 무엇을 하려고 왔는가?"마 26:50라고 기록된 것을 알아야 한다. ⁴그러나 수도원장이 요청한 경우에는 강복을 하거나 미사를 집전하기 위해 그가 수도원장 곁에 서는 것이 허락되어야 한다. ⁵그렇지 않다면, 그는 규칙이 정한 훈련을 받아야만 한다는 것과 자기 자신을 예외로 간주하지 말고 모든 이들에게 겸손의 모범을 보여야 한다는 사실을 자각해야 할 것이다. ⁶[직무에의] 임명이나 혹은 수도원의 다른 일에 관한 질문이 있을 때마다 ⁷그는 사제직에 대한 존경에서 그에게 주어진 지위가 아니라, 공동체에 입회한 날짜에 상응하는 지위를 맡아야 한다.

⁸이와 유사하게 공동체에 들어오기를 소망하는 성직자들은 중간 서열에 위치할 것이나, ⁹다만 그들 역시 규칙을 준수하고, 정주하기로 약속한 경우에만 그렇게 한다.

제61장 방문한 수도사들의 영접

¹먼 곳으로부터 수도사가 찾아와 수도원에 손님으로 머무르기를 청할 수도 있다. ²만약 방문자가 그곳의 생활방식에 있는 그대로 만족하고, 수도원을 뒤집어놓는 무리한

요구를 하지 않으며, ³단순히 그가 찾은 것에 기뻐한다면, 그는 그가 원하는 만큼 오랫동안 환대 받아야 한다. ⁴그가 진실로 겸손한 마음과 사랑을 가지고 합당한 지적을 하거나 의견을 제시한다면, 수도원장은 그것에 대해 깊이 숙고해야만 한다. 바로 그런 목적을 위해 주님께서 그 수도사를 수도원으로 인도하셨을 수 있기 때문이다.

⁵만약 얼마 후에 그가 남아서 수도원에 정주하기를 원한다면, 손님으로 머무는 동안 그가 어떤 사람인지 판단할 수 있는 충분한 시간이 있었을 경우, 이 소원을 거절하지 말아야 한다. ⁶그러나 만일 머무는 동안 그가 과도한 요구를 했거나, 많은 잘못을 범했다면, 그를 공동체의 일원으로 받아들여서는 절대 안 된다. ⁷대신 그의 추한 행실이 다른 사람들을 물들여 놓지 않도록 하기 위해서, 그에게 수도원을 떠나도록 정중하게 요청해야 한다.

⁸그러나 만일 그가 쫓겨나야 할 만한 사람이 아니라고 여겨진다면, 그의 요청에 따라 공동체의 일원으로 받아들여질 것이다. ⁹오히려 수도원에 더 머무르도록 청함으로써 다른 형제들이 그의 모범을 따라 배울 수 있게 해야 한다. ¹⁰왜냐하면 우리가 어느 곳에 있든지 우리는 같은 주님을 섬기고, 동일한 왕을 위해 싸우는 중이기 때문이

다. ¹¹더 나아가 만일 그가 그럴 만한 자질을 갖추고 있다고 생각될 경우, 수도원장은 그런 사람을 공동체에서 다소 높은 자리에 앉혀야 할 것이다. ¹²사실 수도사이든 혹은 앞서 언급한 사제나 성직자이든, 수도원장이 그들의 삶이 훌륭하다고 생각할 경우, 그들의 입회 날짜에 상응하는 것보다 더 높은 지위를 부여할 권리를 가지고 있다.

¹³그러나 수도원장은 다른 수도회의 수도원장이 추천서를 보내어 인가를 하지 않는 한, 잘 알려진 다른 수도회의 수도사를 공동체의 일원으로 받아들이지 않도록 각별히 주의해야만 한다. ¹⁴왜냐하면 성경에 이렇게 기록되어 있기 때문이다. "네가 싫어하는 일은 아무에게도 행하지 말라"토빗 4:15.

제62장 수도원의 사제들

¹서품을 받은 사제나 부제Deacon를 두기 원하는 수도원장은 그의 수도사 중에서 사제직을 감당할 만한 자질이 되는 형제 한 명을 선택할 것이다. ²그렇게 안수를 받은 수도사는 거짓과 교만을 경계해야만 하고, ³수도원장이 명령한 것 외에는 아무것도 해서는 안 되며, 어느 때보다

더 규칙이 정한 훈련에 자기 자신을 복종시켜야 한다는 사실을 인지해야만 한다. [4]단지 사제라는 이유로 순종과 규칙이 정한 훈련을 잊어서는 안 될 것이며, 더욱더 하나님께 가까이 나아가도록 해야만 한다.

[5]그는 항상 수도원에 입회한 날짜에 적합한 자리를 지킬 것이다. [6]제단에서 그의 직무를 행할 때나 전체 공동체가 선택하고 수도원장이 그의 훌륭한 삶으로 인해 그에게 보다 높은 지위를 주기를 원하는 경우는 예외이다. [7]그럼에도 불구하고 그는 주임들Deans과 원장들Priors을 위해 제정된 규칙을 어떻게 지키는지 알고 있어야만 한다. [8]만일 그가 다른 식으로 행동한다면, 그는 사제가 아니라 반역자로 간주되어야 한다. [9]많은 경고를 받았음에도 그에게 개선의 여지가 없으면 주교를 증인으로 세워야 한다. [10]그렇게 했음에도 불구하고 교정하지 않고 잘못이 더 심해진다면, 그는 수도원에서 추방되어야 한다. [11]다만 그가 교만해서 규칙에 복종하거나 순종하지 않는 경우에만 그렇게 한다.

제63장 공동체 서열

¹수도사들은 수도원에 입회한 날짜, 삶의 미덕, 그리고 수도원장의 결정에 따라 자신들의 서열을 지켜야 한다. ²비록 수도원장은 자신이 원하는 모든 것들을 할 수 있는 권한을 가지고 있지만, 그에게 맡겨진 양 떼를 불안하게 해서는 안 되며, 불공평한 결정을 내려서도 안 된다. ³그는 자신의 모든 결정과 행동에 대해 하나님께 설명하게 될 것이라는 사실을 끊임없이 반추해야만 한다. ⁴그러므로 수도사들은 평화의 입맞춤이나 성찬식을 위해 올 때, 시편송을 인도하거나 찬양대에 설 때에 수도원장에 의해 정해진 자리나 이미 그들 가운데 정해져 있는 자리에 있어야 한다. ⁵나이 순서대로 자동적으로 정해진 서열은 결코 없어야 한다. ⁶사무엘과 다니엘이 소년이었을 때 그들의 연장자들을 판단했다는 것을 기억하라 삼상 3:1-21, 단 13:44-62. ⁷그러므로 앞서 언급한 것처럼 수도원장이 보다 중요한 이유로 진급시킨 사람들, 또는 특별한 사유로 좌천된 사람들을 제외하고 나머지는 모두 입회한 때에 따른 서열을 지켜야만 한다. ⁸예를 들어, 제2시에 수도원에 온 사람은, 나이나 역량과 무관하게 동일한 날 제1시에 온 사람보다 자신이 하급자라는 사실을 인정해

야만 한다. ⁹그러나 소년들은 모든 면에서 모든 사람에게 훈련을 받아야 한다.

¹⁰나이 어린 수도사들은 연장자들을 존경해야 하고, 연장자들은 연소자들을 사랑해야만 한다. ¹¹그들이 서로에게 말을 걸 때 단순하게 이름을 불러서는 안 된다. ¹²연장자들은 나이 어린 수도사들에게 '형제'라고 불러야 하며, 연소자들은 연장자들을 '덕망 있는 아버지'Paterna reverentia라는 뜻의 '노누스'Nonnus라고 불러야 한다. ¹³그러나 우리는 수도원장이 그리스도의 자리를 대신하고 있다고 믿기 때문에, 수도원장은 자신의 요구 때문이 아니라, 그리스도에 대한 존경과 사랑의 발로에서 '주Dominus'나 '수도원장'Abbas(역주: 라틴어 'Abbas'는 아버지라는 의미를 가지고 있다.)이라 불려야 한다. ¹⁴그는 이에 대해 깊이 생각해야만 하며, 행동을 통해 그 존경에 합당한 자질을 보여주어야만 한다.

¹⁵어느 곳에서 만나든지, 연소자들은 연장자들에게 그들을 위해 강복하도록 요청해야 한다. ¹⁶나이 많은 수도사가 지나가면, 나이 어린 수도사는 일어나 자리를 양보해야 하며, 나이 많은 수도사가 강권하지 않는 한 자리에 앉지 말아야 한다. ¹⁷이렇게 함으로써 그들은 성경이 다

음과 같이 말한 것을 행하게 된다. "존경하기를 서로 먼저 하라"롬 12:10.

¹⁸예배실과 공동체 식탁에서 어린 소년들이나 젊은이들은 서열과 규율을 지켜야 한다. ¹⁹그들이 책임을 질 수 있을 만큼 충분히 성장할 때까지 수도원 밖이나 다른 모든 곳에서 [연장자들의] 감독과 관리 아래에 있어야 한다.

제64장 수도원장의 선출

¹수도원장을 선출함에 있어서 주된 원리는 항상 다음과 같아야 한다. 수도원장으로 취임할 사람은 모든 공동체 형제들이 하나님을 두려워하는 가운데 만장일치로 선출한 사람이거나, 인원수에 상관없이 보다 건강한 판단 능력을 가진 공동체의 몇몇 구성원들에 의해 선택된 사람이어야 한다는 것이다. ²수도원장이 될 사람을 선출하는 데에는, 비록 공동체의 서열에서는 가장 낮은 자리에 있다고 할지라도, 삶이 훌륭한 지 그리고 가르치는 지혜가 있는 지가 중요한 기준이 되어야만 한다.

³하나님께서는 공동체가 자기 마음대로 행하는 악한 사람을 선출하기 위해 공모하는 일들을 금하셨다. 그러

나 만일 그런 일이 일어 났다면, ⁴그리고 그 수도원이 속한 교구의 주교나 수도원장들, 또는 지역의 그리스도인들이 그 악한 행위에 대해 어느 정도 알게 되었다면, ⁵그들은 사악한 공모가 성공하지 못하도록 차단해야만 하며, 합당한 청지기를 세워 하나님의 집에 대한 책무를 맡게 해야 한다. ⁶그들이 만일 순수한 동기와 하나님의 영광에 대한 열정을 가지고 그렇게 한다면, 그들은 그 일에 내해 풍성한 보상을 받게 될 것이라는 사실을 확신할 것이다. 반대로 그렇게 하기를 소홀했을 경우 그것은 곧 죄라는 사실도 동시에 확신해야 할 것이다.

⁷일단 선출되면, 수도원장은 자신이 지게 된 짐의 성질을 항상 염두에 두어야 하며, 그의 '청지기직을 설명하게 될 분'눅 16:2 참조을 기억해야만 한다. ⁸그는 목표로 두어야 할 것이 자신의 탁월함을 [드러내는 것이] 아니라 수도사들을 유익하게 하는 것이어야 한다는 사실을 인식해야 한다. ⁹그러므로 그는 하나님의 법에 정통해야 하며, 그로 인해 그는 "새것과 옛것을 내오는"마 13:52 지식의 보고를 가지고 있어야 한다. 그는 순결하고, 온유하고, 자비로워야 한다. ¹⁰그는 항상 "긍휼이 심판을 이기게"약 2:13 해야 하는데, 이는 그도 역시 자비를 입기 위함이다. ¹¹그

도 잘못은 미워해야 하지만, 형제들은 사랑해야만 한다. ¹²형제들을 벌해야 할 때에는 신중해야 하며, 지나치지 않도록 해야 한다. 그렇지 않으면, 녹을 닦아내기 위해 너무 열심히 문지르다가 그릇을 깨트리게 될지도 모르기 때문이다. ¹³그는 자신의 약점을 신뢰하지 않아야 하며, "상한 갈대도 꺾지 않아야 한다"사 42:3는 것을 기억해야 한다. ¹⁴이것은 잘못이 창성하도록 방치하라는 말이 아니다. 오히려 우리가 이미 말한 것처럼, 각 개인에게 무엇이 가장 좋은지 고려하면서 신중함과 사랑으로 그 잘못들을 제거해야 한다는 것이다. ¹⁵그는 두려움이 아닌 사랑의 대상이 되도록 고군분투해야 할 것이다.

¹⁶그는 쉽게 흥분하거나, 불안해 하거나, 극단적이거나, 고집스럽거나, 질투심에 사로잡히거나, 의심이 많아서는 안 된다. 그런 사람은 결코 평정을 유지할 수 없다. ¹⁷대신 그는 자신이 내리는 명령이 신중하고 사려 깊다는 것을 보여주어야 한다. 또한 그가 [수도사들에게] 맡기는 임무가 하나님에 관한 것이든, 세상에 관한 것이든, 그는 온유하면서도 분별력이 있어야 한다. ¹⁸"너무 지나치게 몰면 모든 떼가 하루 만에 죽을 것이다"창 33:13라고 말한 성聖 야곱의 신중함을 마음속에 간직해야 한다. ¹⁹그러므

로 그는 이것과 모든 덕목의 어머니인 신중함에 대한 다른 예들을 기억하면서 모든 일들을 처리해야 한다. 그러면 강한 자들은 무언가를 더욱 갈망 하게 될 것이고, 약한 자들은 어떤 것으로부터도 도망치지 않게 될 것이다.

[20]우선 그는 모든 면에서 이 규칙을 잘 지켜야만 한다. [21]그렇게 그가 직무를 잘 이행하면, 동료인 다른 종들에게 때를 따라 양식을 나눠준 선한 종이 주님으로부터 들었던 말을 듣게 될 것이다. "내가 진실로 너희에게 이르노니 주인이 그의 모든 소유를 그에게 맡기리라"[마 24:47].

제65장 수도원의 원장들Praepositi

[1]원장의 임명은 과거에 수도원들에서 자주 심각한 논쟁의 원인이 되어왔다. [2]교만의 악한 영에 의해 충동질 당하거나 자신을 차기 수도원장으로 생각하는 원장들은 자기가 속한 공동체 내에서 폭력적으로 권위를 찬탈하고 다툼과 분열을 일으켰다. [3]특히 이런 일은 동일한 그룹의 주교와 수도원장들이 수도원장과 원장을 모두 임명하는 수도원들에서 발생했다. [4]이것이 얼마나 불합리한 일인가를 아는 것은 어렵지 않다. 왜냐하면 그가 [원장으

로) 임명되는 바로 그 처음 순간부터 교만의 불씨를 품게 되기 때문이다. ⁵그의 생각은 스스로에게 그가 수도원장의 권위 아래 있지 않다고 말한다. ⁶"결국 너는 수도원장을 임명한 바로 그 사람들로부터 원장으로 임명되었다."

⁷이런 생각은 모든 시기, 다툼, 비방, 경쟁, 파벌과 각종 무질서를 향해 개방된 통로이다. ⁸그 결과 수도원장과 원장이 서로 상반되는 정책을 밀고 나가는 동안, 이런 불협화음에 의해서 그들의 영혼은 곤경에 처하게 될 것이다. ⁹동시에 그들 아래 있는 수도사들은 어느 한 쪽을 두둔하게 됨으로써 파멸의 길을 걷게 될 것이다. ¹⁰이와 같이 죄로 가득 찬 위험한 상황에 대한 책임은 그러한 혼란의 상태를 초래한 사람들의 머리로 돌아갈 것이다.

¹¹그러므로 평화와 사랑을 유지하기 위해서 우리는 수도원장이 수도원에서 일어나는 모든 일들을 결정하는 것이 가장 최선의 방안이라고 생각한다. ¹²만일 가능하다면, 우리가 이미 규정을 세운 것처럼, 수도원의 모든 일들은 수도원장의 지휘 아래 있는 주임들^{Deans}을 통해 관리되어야 한다. ¹³한 사람이 아닌 보다 많은 사람에게 위탁하는 동안에는 아무도 교만해지지 않을 것이다. ¹⁴그러나 만약 지역적 상황이 그렇게 할 수밖에 없거나, 공동체

가 합리적이면서도 겸손하게 요청하거나, 그리고 수도원장이 그것이 최상의 방법이라고 판단하였다면, [15]하나님을 경외하는 형제들의 조언을 구해서 그가 원하는 사람을 선출하여 그 사람을 직접 그의 원장으로 세워야 한다. [16]한편 원장은 수도원장이 자신에게 배정한 것을 존경하는 마음을 가지고 행해야 하며, 수도원장의 뜻이나 지시에 위배되는 것을 행해서는 안 된다. [17]왜냐하면 다른 사람들보다 높은 자리에 세워질수록, 그는 규칙이 명령하는 것들을 더 잘 지키기 위해 주의를 기울여야 한다.

[18]만약 원장이 중대한 잘못을 범하거나, 속임수에 빠져서 교만해지거나, 혹은 거룩한 규칙들을 공개적으로 업신여긴다면, 그는 말로 네 번까지 경고를 받아야만 한다. [19]그러나 그가 자신의 오류를 고치기 꺼려한다면, 그는 규칙이 정한 바에 의해 처벌을 받아야 한다. [20]그럼에도 불구하고 그가 여전히 고치지 않는다면 원장의 자리를 박탈하고, 그 자리에 합당한 사람으로 대신하게 해야 한다. [21]만일 그 후에도 공동체의 평화롭고 순종적인 일원이 되지 못한다면, 그는 수도원에서 추방되어야만 한다. [22]그러나 시기와 경쟁의 불꽃이 그의 영혼을 마비시키지 않도록 하기 위해서 수도원장은 그가 하나님 앞에서 그

의 모든 판단에 대해 설명하게 될 것이라는 사실을 깊이 생각해야 한다.

제66장 수도원의 문지기

¹수도원의 문에는 연락을 받는 방법과 회신을 전하는 일에 능숙한 지각 있으며 나이 든 ― 나이가 그를 배회하지 않게 할 것이므로 ― 형제를 배치해야 한다. ²문지기에게는 입구 가까이에 방을 마련해 줌으로써, 방문객들이 항상 입구에서 그로부터 대답을 들을 수 있도록 한다. ³누군가 문을 두드림과 동시에, 또는 가난한 사람이 부르자마자, 그는 "하나님께 감사" 혹은 "강복하소서"라고 응답해야 한다. ⁴그리고 나서 그는 하나님을 경외하는 마음에서 나오는 지극한 온유함과 따뜻한 사랑으로 재빠르게 대답해야 한다. ⁵만일 그에게 도움의 손이 필요하다면, 보다 나이 어린 형제를 배정해 주어야 한다.

⁶가능하다면 수도원을 잘 건축하여서 그 안에 모든 필요한 것들 곧, 우물, 제분소, 밭 또는 다양한 [공예품] 작업실 등을 갖추어 놓고 사용해야 한다. ⁷그렇게 해야 수도사들이 [수도원] 밖을 배회할 필요가 없을 것이다. 그런

행동은 그들의 영혼에 전혀 유익하지 않기 때문이다.

⁸우리는 공동체 안에서 이 규칙이 자주 읽혀짐으로써, 그 어떤 형제도 그들의 무지에 대해 변명하지 않기를 바란다.

제67장 여행 중에 있는 형제들

¹여행을 하게 될 형제들은 수도원장과 공동체 형제들에게 자신들을 위해 기도할 것을 요청해야 한다. ²하나님의 일'Opus Dei의 마지막 기도 시간에는 항상 부재 중인 형제들을 기억해야만 한다. ³그들은 여행에서 돌아온 바로 그날 '하나님의 일'의 정해진 매 시간전례 끝에 예배실 바닥에 엎드려야 한다. ⁴그들은 여정 중에 예기치 않게 악한 것을 보았거나 무익한 잡담을 들었을지도 모르므로 모든 형제들에게 자신들의 잘못들을 위해 기도해 달라고 부탁해야 한다.

⁵또한 수도원 밖에서 보고 들은 것을 감히 아무에게도 얘기해서는 안 된다. 그것이 가장 큰 해를 일으킬 수 있기 때문이다. ⁶만일 누군가가 주제넘게도 그렇게 했다면, 그는 규칙이 정한 벌에 처해져야 한다. ⁷또한 수도원장의

명령 없이 수도원 울타리를 벗어나거나, 어디를 가거나, 비록 그것이 사소한 것일지라도 어떤 일을 한 사람에게도 그렇게 할 것이다.

제68장 형제에게 부과된 불가능한 직무

¹한 형제에게 과중한 직무나, 그가 감당할 수 없는 일이 맡겨질 수도 있다. 만약 그렇다면 온전한 순종과 온화함으로 주어진 명령을 받을 것이다. ²그러나 만일 그 일의 무게가 자신의 능력에 비해 지나치게 과할 경우, 그는 적절한 시간에 상급자에게 자신에게 주어진 직무를 수행할 수 없는 이유를 끈기 있게 설명해야만 한다. ³그는 교만하거나 완고하거나 거부감 없이 그렇게 해야 한다. ⁴그가 설명한 후에도 상급자가 여전히 본래의 명령을 주장한다면, 연소자는 그것이 최선의 것임을 인정해야만 한다. ⁵그는 하나님의 도우심을 믿으면서 사랑 가운데 순종해야만 한다.

제69장 수도원에서 다른 사람을 변호하는 주제넘음

¹수도원에서는 어떤 상황에서도 한 수도사가 감히 다른 사람을 변호하거나, 그의 구원자가 되려고 하는 일이 없도록 사전에 모든 조치를 취해야만 한다. ²비록 혈연으로 맺어진 가장 가까운 사이라 할지라도 그렇게 해서는 안 된다. ³수도사는 어떤 방식으로든 감히 그렇게 해서는 안 된다. 왜냐하면 그것이 논쟁의 가장 심각한 원인과 불씨가 될 수 있기 때문이다. ⁴이 규칙을 파기한 사람은 신랄하게 제재를 받아야 한다.

제70장 자기 마음대로 다른 수도사를 체벌하는 주제넘음

¹수도원에서는 주제 넘는 행동으로 이어질 만한 모든 기회를 피해야 한다. ²우리는 수도원장에 의해 권한이 주어지지 않는 한, 그 누구에게도 다른 형제를 체벌하거나 파문할 권한이 없다는 것을 선언한다. ³"범죄한 자들을 모든 사람 앞에서 꾸짖어 나머지 사람들로 두려워하게 하라"딤전 5:20. ⁴그러나 소년들은 열 다섯 살까지는 모든

사람들이 주의 깊게 관리하고 감독해야 한다. ⁵그러나 이 역시 온건하고 이치에 맞게 해야 한다.

⁶만약 한 형제가 수도원장의 명령 없이 연로한 이들에게, 아니면 소년들에게라 할지라도, 어떤 권위를 가진 것처럼 분노를 표출하고 그들을 불합리하게 대한다면, 그는 규칙이 정한 벌을 받아야 한다. ⁷성경에는 이렇게 기록되어 있다. "네가 싫어하는 일은 다른 이에게도 행하지 말라"토빗 4:15.

제71장 상호 순종

¹순종은 모든 자들이 수도원장에게뿐만 아니라 또한 형제들 서로서로에게 나타내야 할 덕목이다. ²왜냐하면 이러한 순종의 길을 통해서 하나님께 갈 수 있다는 것을 우리가 알고 있기 때문이다. ³그러므로 비록 수도원장이나, 혹은 그에 의해 임명된 원장들의 명령들이 우선권을 가진다 할지라도, 그리고 어떤 비공식적인 명령도 그것들을 대체할 수 없다 할지라도, ⁴모든 다른 경우에는 나이 어린 수도사들은 상급자에게 깊은 사랑과 배려하는 마음을 가지고 순종해야 한다. ⁵이에 반하는 행동을 하는

사람은 책망을 받아야 한다.

⁶만약 한 수도사가 수도원장이나 다른 상급자에 의해 어떤 방식으로든지, 그것이 몇 가지 아주 작은 일로 인한 것이라 할지라도, 책벌을 받는다면, ⁷또는 연장자 중 한 명이 자신에게 화가 났거나, 아무리 사소하게라도 자기로 인해 방해를 받았다는 느낌을 받는다면, ⁸그는 그 자리에서 지체하지 말고 다른 사람의 발 앞에 엎드려 보속해야만 한다. 그리고 강복에 의해 [마음의] 소란이 잠잠해질 때까지 엎드려 있어야만 한다. ⁹이렇게 하는 것을 거부하는 사람은 누구나 체벌에 처해져야 한다. 만약 그가 완고하게 버틴다면 그는 수도원에서 추방되어야 한다.

제72장 수도사들의 선한 열정

¹형제들을 하나님에게서 떼어내어 지옥으로 이끄는, 쓴 뿌리로부터 말미암는 악한 열정이 있는 것처럼, ²형제들을 악에서 구해내어 하나님과 영생으로 인도하는 선한 열정도 있다. ³수도사들이 열렬한 사랑으로 키워내야 하는 것은 이러한 선한 열정이다. ⁴그들은 "다른 이를 존경하기를 서로 먼저 해야 한다"롬 12:10. ⁵그리고 지극한 인내

심을 가지고 다른 형제들의 육체나 행위의 연약함을 채워주고, ⁶서로서로 순종하는 가운데 진지하게 겨루어야 한다. ⁷그 누구도 자신에게 유익하다고 생각되는 것을 추구해서는 안 된다. 대신 다른 사람에게 유익하다고 여겨지는 것을 좇아야 한다. ⁸동료 수도사들에게는 형제에 대한 순전한 사랑을 보여주고, ⁹하나님께는 경외심으로 말미암는 사랑을, ¹⁰그리고 수도원장에게는 꾸밈없는 겸손한 사랑을 나타내야 한다. ¹¹그 무엇도 그리스도보다 더 좋아해서는 안 되며, ¹²그리스도께서 우리 모두를 영생으로 이끄시도록 해야 한다.

제73장 이 규칙은 온전함을 향해 가는 시작에 불과함

¹우리가 이 규칙을 기록한 까닭은, 수도원에서 이 규칙을 준수함으로써 우리가 어느 정도의 덕목을 갖추고 있으며 수도생활의 시작점에 있다는을 보여주기 위함이다. ²그러나 수도생활에서 온전함으로 서둘러 나아가고 있는 사람을 위해서는 거룩한 교부들의 가르침이 있다. 수도사들은 그들의 가르침을 지킴으로써 온전함의 정상에 이르게 될 것이다. ³성령의 감동으로 된 구약과 신약

성경의 모든 장과 구절 중에 인간의 삶을 위한 최고의 안내자가 아닌 것이 어디 있는가? [4]거룩한 교회 교부들의 저서 중에서 창조주께 이를 수 있는 진정한 길로 우리를 큰 소리로 부르지 않는 책이 어디 있는가? [5]이외에도 교부들의 담화집Collationes이나 제도집Instituta, 그리고 전기Vitas가 있으며, 또한 거룩한 교부 바실리우스Basilius의 규칙서도 있다. [6]이것들은 규칙을 준수하고 순종하는 모든 수도사들에게 덕목을 키워나가는 도구에 다름 아니다. [7]이 책들은 우리로 하여금 우리가 그렇게 나태하고, 그렇게 부주의하고, 또한 그렇게 소홀하다는 사실에 부끄러워 얼굴을 붉히게 한다. [8]당신은 하늘에 있는 집을 향해 열심을 내고 있는가? 그렇다면 그리스도의 도우심과 함께 우리가 초보자들을 위해 기록한 이 조그마한 규칙들을 지켜라. [9]그 후에 당신은 우리가 앞서 말한 가르침과 덕목의 보다 고결한 정점을 향해 나아갈 수 있게 될 것이며, 하나님의 보호하심 아래서 그곳에 다다를 수 있게 될 것이다. 아멘.

> 깊은 이해를 돕는 글
> 《베네딕트의 규칙서》

천국을 향한 공동체 여정의 이정표

왜 고대의 수도원 규칙서를 읽는가?

문학에서 고전古典은 그 작품이 쓰여진 시대와 장소를 넘어 오랜 세월 동안 많은 사람들 사이에서 널리 읽히고 지속적으로 영향을 끼치는 작품을 말한다. 이런 의미에서 《베네딕트의 규칙서$^{Regula\ Sancti\ Benedicti}$》는 기독교 영성의 고전이라고 부르기에 조금도 부족함이 없다. 이 작품은 6세기 초 이탈리아에서 베네딕트$^{Benedict\ of\ Nursia(c.480-c.547)}$의 지도 아래 공동생활을 하던 수도사들을 위해서 쓰여졌다. 그리고 이 규칙서는 지난 1500여 년 동안 수도원 안팎에서 전 세계의 많은 사람들에게 읽혀져 왔고, 또 그리스도인들의 삶에 큰 영향을 끼쳐왔다.

《베네딕트의 규칙서》가 기독교 고전으로 자리 잡은 이

유는 여러 가지이다. 무엇보다 이 책의 기록 목적과 규칙의 유연성이 중심적인 이유 중의 하나이다. '규칙'을 뜻하는 라틴어 '레귤라^{Regula}'는 여행자에게 방향을 알려주는 '이정표,' '길의 울타리,' 또는 '행동과 삶의 잣대'를 의미한다. 베네딕트의 규칙은 수도사들의 행동을 규제하기 위한 딱딱한 규범이 아니라, 단순하고 순수한 영성생활을 통해 천국을 향한 수도사들의 영적 여정을 안내하기 위한 이정표와 지침이다$^{서문\ 제45-50절}$.

베네딕트는 이 규칙이 문자적으로 적용될 것이 아니라, 각 수도원이 처한 기후와 환경, 그리고 수도사 개인의 영적, 육체적 조건에 따라 융통성 있게 적용되어야 한다고 강조했다. 대부분의 규칙은 수도생활의 본질을 해치지 않는 선에서 수도원장의 판단에 따라 적절하게 변경될 수 있으며, 더 나은 것으로 대치될 수도 있다. 이러한 규칙의 유연성은 오늘날 전 세계의 수도원 안에서 사는 이들은 물론 수도원 밖에서 살아가는 기독교인들이 베네딕트 영성의 유산을 자신의 삶과 공동체의 삶에 창조적으로 적용할 수 있는 가능성을 열어주었다.

수도원주의의 발달과 《베네딕트의 규칙서》

《베네딕트의 규칙서》는 서방기독교 수도원 발달에 있어서 가장 중요한 문서이다. 기독교 수도원의 역사는 4세기 초 이집트의 사막에서 시작되었다. 304년 디오클레티아누스 황제^{Diocletianus} 치하에서는 많은 이들이 혹독한 박해를 피해 사막으로 도망쳤다. 그런데 313년 콘스탄틴 황제$^{Constantine\ the\ Great}$의 기독교 공인 이후에는 당대 기독교인들이 새로운 형태의 '순교'를 찾아서 이집트의 황량한 사막으로 나아갔다. 아타나시우스$^{Athanasius\ of\ Alexandria}$에 따르면 4-5세기에는 "사막에 도시"를 이룰 정도로 많은 수도사들이 이집트의 사막에서 은둔형 혹은 공동체형 수도원을 만들어 수도생활에 전념하였다.

그렇다고 당시 사막의 수도사들이 세속 도시와 완전히 분리된 것은 아니었다. 그들은 박해시대의 순교자들처럼 교회에서 '영웅'으로 인식되며, 로마제국의 종교적 관용으로 인해 신앙이 느슨해진 교회에 신선한 바람을 불러 일으켰다. 이 같은 이집트 사막의 수도사와 수도원 이야기는 아타나시우스의 《안토니의 생애$^{Vita\ Anthonii}$》와 요한 카시아누스$^{Johnnes\ Cassianus}$의 《제도집^{Institutes}》, 《담화집^{Conferences}》과 같은 글과 종교-문화적 접촉을 통해 서방교회의 수도원 발달을 크게 자극하였다.

이탈리아를 비롯한 갈리아^{Gaul}와 팔레스타인, 로마가 지배한 북아프리카 등지에서 적지 않은 이들이 수도생활의 이상을 추구하였다. 그리고 이러한 수도원 전통의 유산들이 축적되어 6세기 《베네딕트의 규칙서》로 꽃피어났다. 실제로 《베네딕트의 규칙서》는 사막 교부들의 생애와 금언집^{Apothegmata}, 히에로니무스^{Hieronymus}, 암브로시우스^{Ambrosius of Milan}, 아우구스티누스^{Augustine of Hippo}, 바실리우스^{Basilius of Cappadocia} 등으로부터 영향을 받았다. 특히 《베네딕트의 규칙서》보다 조금 앞서 쓰여진 《스승의 규칙서^{Regula Magistri}》에서 직접적인 영향을 받은 것으로 알려져 있다.

사실 베네딕트는 자신의 규칙을 토대로 서구 수도원 제도의 기초를 놓으려 하거나 자신만의 수도회를 창설하려는 의도를 가진 것은 아니었다. 하지만 그의 규칙은 그 자체가 가지고 있는 융통성과 온건한 금욕적 수행, 그리고 균형 있는 생활규율 등으로 인해 유럽의 다른 지역으로 빠르게 퍼져나갔다. 이후 8세기 후반과 9세기 초에 프랑크왕국의 샤를마뉴 대제^{Charlemagne}는 베네딕트의 규칙을 자신의 카롤링거 제국에 속한 수도원의 공식적인 규범으로 채택하기도 하였다.

이러한 기반 위에 10세기에는 베네딕트의 규칙을 사용하는 수도원들이 연합하여 베네딕트 수도회^{Benedictine Order}를 창설하였다. 이후 《베네딕트의 규칙서》는 중세에 수도원이 타락하고 위기에 처했을 때는 물론 수많은 수도원개혁의 과정에서 신앙적 활력과 기준을 제공해주었다. 20세기에 들어서 베네딕트 수도원들은 영국성공회와 스웨덴 루터교 안에도 세워졌으며, 오늘날 전 세계에 약 3만 여명의 수사와 수녀가 베네딕트의 규칙에 따라 생활하고 있다.

베네딕트의 생애

베네딕트의 생애에 관해 현재 남아 있는 자료는 그의 사후 약 50년 경에 교황 그레고리우스 1세^{Gregorius the Great}가 자신의 《대화집^{Dialogues}》 제2권에 남겨둔 "베네딕트의 생애^{Vita Benedicti}"가 전부이다. 물론 그레고리우스의 성인전聖人傳이 오늘날의 전기^{Biography}의 개념으로 베네딕트에 관한 역사적 사실을 정확하게 제공하고 있지는 않다. 그는 다만 "하나님의 사람" 베네딕트의 거룩한 성품과 영적인 특징을 묘사하고 이것을 통해 자신의 의도한 교훈을 교회와 이탈리아 사회에 전달하고자 했다.

교황 그레고리우스 1세의 기록에 따르면 베네딕트는 480년 이탈리아 중부의 누르시아^{Nursia}라는 지방의 유복한 가정에서 태어났다. 그는 어린 시절 로마에서 교육을 받았다. 그런데 당대 사회의 방탕함과 무의미한 생활을 목격한 그는 13세가 되던 493년에 로마를 떠나 수도생활을 시작하였다. 그는 처음 1년은 엔피데^{Enfide}에서 다른 금욕주의자들과 같이, 이후에는 수비아코^{Subiaco}의 산 위에 있는 동굴에서 약 3년 간 홀로 기도와 금욕훈련에 매진했다. 그는 악마의 유혹과 육체의 정욕을 이겨내기 위해 심지어 쐐기풀과 들장미 덤불 속에 들어가 그의 몸에 상처를 내기도 하였다.

그의 종교적 생활이 주변에 알려지기 시작하면서 그는 수비아코의 한 수도원장으로 부름을 받았다. 하지만 베네딕트의 엄격한 삶의 방식은 평이한 삶을 원하는 그곳 수도사들의 기대와 상충했고, 그는 다시 동굴로 되돌아갔다. 그러나 그의 종교적인 거룩함에 대한 평판과 기적에 대한 소문 때문에 많은 제자들이 모여들었다. 그는 수비아코에서 약 19년 동안 열두 개의 수도원을 설립하였다. 하지만 이것은 곧 지역 사제들의 질투를 불러 일으

컸다. 이를 피해 베네딕트는 529년경에 로마와 나폴리^{Naples} 사이에 있는 몬테카시노^{Monte Cassino}로 옮겼다. 그는 자신의 경험과 지혜를 적용하여 이방신을 섬겨오던 이곳에 수도원을 세우고 수도사들을 지도하였다. 《베네딕트의 규칙서》가 기록된 것도 바로 이 시기이다. 그는 수도사들의 삶에만 관심을 가진 것이 아니라, 가뭄이 극심할 때는 수도원의 식량을 풀어 가난한 자들을 구제하는 등 수도원 밖의 사람들에게도 많은 자비를 베풀었다.

베네딕트의 죽음은 그의 기도하는 삶의 아름다운 절정을 보여준다. 그는 547년 3월 21일 몬테카시노에서 형제들의 부축을 받아 서서 기도하는 중에 세상을 떠났다고 알려져 있다. 그레고리우스 1세는 베네딕트의 생애에 대한 이야기를 마무리 지으면서 그의 규칙서는 자신이 살았던 삶의 방법과 양식을 그려내고 있다는 점을 강조하고 있다.

> **그의 생애와 대화[가르침]에 대해 좀 더 알고 싶은 사람은 베네딕트의 규칙을 통해 그의 삶의 방식과 훈련을 이해할 수 있을 것이다. 왜냐하면 그 거룩한 사람[베네딕트]은 그가 가르친 것을 모두 삶으로 살아 내었기 때문이다**(그레고리우스 1세의 《대화집》 제2권 제36장).

《베네딕트의 규칙서》의 내용과 주요 주제

《베네딕트의 규칙서》는 규칙을 제정한 의의를 설명하는 서문과 수도원에서의 각종 제도와 생활규율 등을 설명하는 73개의 장으로 이루어져 있다. 서문에서 제7장까지는 《스승의 규칙서》와 아주 많이 일치하는 부분으로, 수도사의 종류(제1장)와 수도원장(제2-3장), 그리고 영적성장을 위한 훈련방법(제4-7장)을 개괄적으로 설명하며 글 전체의 도입부 역할을 하고 있다.

그리고 이어지는 장에서는 이전 도입부의 정신을 강조하면서 보다 구체적인 규칙을 다루고 있다. 전체를 간략히 분류해 보면 다음과 같다. 전례규칙과 자세(제8-20장), 직책과 역할(21, 31-32, 38, 47, 57, 62-66장), 입회, 책벌, 파문(23-30, 42-46, 58-61장), 노동과 각종 생활규칙(22, 33-37, 39-42, 48-56, 67-72장), 끝맺는 말(제73장)로 이루어져 있다.

상호적인 사랑에서 솟아나는 순종

"들으라, 나의 아들아"라는 권고로 시작하는 서문은 이 글이 법률적 문서보다 구약성서의 지혜문학Wisdom literature잠언 1:8, 4:1 참조과 맞닿아 있음을 보여준다. 실제로 베네딕트는 규칙서에 기록된 가르침들을 부모가 자녀에게 들려주는 사랑의 교훈에 비유한다. 그러므로 자녀들은 이 가르침들을 주의 깊게 듣고, 마음으로 받아들이며, 즉각적으로 순종해야 한다^{서문 1절}.

이러한 지혜문학으로서의 글의 성격은 베네딕트회의 3대 서약 중의 하나인 '순종'에 대한 바른 이해를 도와준다. 즉 베네딕트에게서 '순종'은 권위자의 일방적인 명령에 대한 두려움 때문에 나오는 맹목적인 반응이 아니라, 영적인 부모와 자녀 사이의 상호적인 사랑과 신뢰에서 자라나는 미덕이다. 수직적인 관계에서 이렇게 형성된 순종은 나아가 수평적인 관계로 확장된다. 베네딕트는 그의 규칙서 끝부분에서 수도원장과 수도사 사이뿐만 아니라, 수도사들 사이에서도 상호순종의 필요성을 강조한다[71.1, 72.5]. 이와 같이 순종은 겸손과 더불어 《베네딕트의 규칙서》의 처음과 마지막을 꿰뚫으며 모든 규칙을 하나로 묶는다. 이런 점에서 베네딕트의 순종은 효^孝를 모든 행위의 근본으로 삼는 동양의 유학^{儒學}의 가르침과도 통한다. 예를 들면, 유학에서도 부모의 사랑에 대한 자녀의 사랑의 반응이 효라고 가르친다. 부모와 자녀의 수직적인 관계에서의 효가 형제자매와 친구와의 수평적인 관계로 확장된 것이 우정이다.

또한 순종은 발전시켜야 하는 미덕인 동시에 하나님께 가까이 나아가는 영성훈련의 효과적인 방법이다. '순종'을 뜻하는 라틴어 '오보에디레^{oboedire}'는 어원적으로 '듣다'라는 의미를 갖고 있다. 곧 순종은 수도원장이나 다른 형제들의 말 속에서 그리스도의 말씀을 듣는 훈련이다. 그래서 베네딕트는 수도사는 상급자의 명령이 하나님으로부터 나온 것으로 여기고 실행해야 하며, 상급자에게 보여준 순종은 곧 하나님께 드려진 것이라고 말한다[5.4,15]. 이처럼 순종의 훈련을 통해서 수도사는 하나님의 말씀에 자신의 귀를 열어놓게 되며, 자신의 뜻을 포기하고 그리스도를 따르는 법을 배우게 된다.

겸손, 환대, 그리고 자비를 통한 그리스도와의 연합

순종과 마찬가지로 겸손은 《베네딕트의 규칙서》의 기초를 이루는 미덕이며 동시에 영성훈련 방법이다. 제7장에는 겸손의 열두 단계가 기록되어 있는데, 베네딕트는 겸손을 인간이 몸과 영혼, 즉 전인적으로 성장해가는 점진적인 과정으로 제시한다. 첫 번째 단계는 자신의 죄에 관한 욕망을 인식하고 하나님을 경외함으로 그것을 극복하는 것에서 시작한다. 그리고 두 번째부터 일곱 번째 단계를 거치면서는 수도사는 자신의 비천함을 인식하고, 자신의 뜻을 버리며, 죄를 고백하고, 인내하는 가운데 순종하는 것을 배운다. 그리고 여덟 번째부터 마지막 단계는 겸손을 마음으로뿐만 아니라 자신의 말과 행동으로 충실하게 나타내는 과정이다. 겸손의 단계를 모두 거치면 수도사는 모든 두려움을 내어 쫓는 하나님의 사랑에 도달하게 된다. 이 사랑은 또한 수도사로 하여금 하나님의 말씀과 자신을 연합시켜서, 하나님의 뜻을 자신의 것처럼 즐거이 준행하게 만든다. 이런 의미에서 겸손의 사다리는 수도사를 금욕적인 삶 또는 능동적 삶의 정점으로 인도한다. 이와 같은 하나님과의 사랑 깊은 연합이 곧 베네틱트가 추구한 수도생활의 이상이라고 할 수 있다.

겸손은 또한 베네딕트 영성의 또 다른 특징인 '다른 이들에 대한 환대'와 '자비'로 표현되어야 한다. 수도사들은 방문한 모든 손님들에게 머리를 숙이거나 몸을 완전히 엎드려 겸손히 영접하고 진심으로 대접해야 한다. 손님대접을 위해서는 특별한 경우가 아니면 담당자는 중요한 금욕훈련 중의 하나인 금식도 포기해야 한다. 그리고 이 규칙서는 공동체의 병들거나 약한 이들에 대한 커다

란 관심과 배려를 보이고 있다. 손님과 병든 이들은 모두 그리스도와 같이 돌봄을 받아야 한다. 왜냐하면 그러한 환대를 통해 나그네로 오신 그리스도께서 경배를 받으시기 때문이다[36, 53]. 이처럼 겸손과 환대, 그리고 자비는 금욕수행보다도 더 우선되는 미덕이자 훈련이며, 하나님의 말씀이신 그리스도를 섬기고 그분과 연합하는 삶의 길이다.

삶의 균형과 리듬

베네딕트 영성의 또 다른 중요한 특징은 균형과 리듬이다. 먼저 베네딕트는 하루 중 기도와 노동이, 그리고 공동체의 예배와 개인의 영성생활이 적절히 조화를 이루도록 가르친다. 물론 우선순위는 공동체가 함께 드리는 성무일도 Officium Divinum 또는 '하나님의 일'Opus Dei에 있지만, 육체적인 노동과 개인적인 독서 Lectio Divina 역시 매일의 수도생활에서 중요한 부분을 차지한다.

또한 베네딕트는 제8장부터 제20장에 걸쳐 매일 혹은 매주 드릴 성무일도의 시간과 방법에 대해 자세하게 안내하고 있다. 그런데 이와 같은 기도와 예배에 있어서 무엇보다 중요한 것은 외적인 형식이 아니라 이집트 사막의 수도사들이 추구한 "마음의 순수함과 참회의 눈물"이다[20.3]. 기도는 짧고 단순해야 하며[20.4], 찬송은 마음과 목소리가 조화를 이루어져야 한다[19.7]. 그리고 하나님이 어디에나 임재하시며, 모든 곳에서 주님의 눈이 감찰하고 계시기 때문에[19.1] 성무일도를 비롯한 모든 일은 매 순간 하나님의 임재를 의식하는 가운데서 행해져야 한다.

그 외에도 베네딕트는 사순절을 지키는 방법[49]과 취침과 식사 등 일상생활에 대한 지침[22, 41]도 제공하고 있다. 이러한 전례규칙과 일상생활의 규칙은 함께 어우러져 짧게는 매일의 생활, 길게는 연간 생활의 리듬을 형성한다. 즉 《베네딕트의 규칙서》에 심겨져 있는 수도원의 이상은 단조로운 매일의 의무들로 채워져 있는 삶이 아니라, 균형 잡힌 일상생활의 반복을 통해 하나님의 임재를 경험하는 리듬 있는 삶이다. 그런데 이러한 반복은 발전 없이 같은 자리를 맴도는 것이 아니라, "하늘에 있는 집"을 향해 오르는 영적인 여정이며, 공동체가 사랑으로 서로를 격려하며 규칙이라는 리듬에 맞춰 내딛는 공동의 발걸음이다[72.4, 73.8].

라틴어 원문들

《베네딕트의 규칙서》는 그의 막강한 영향력을 보여주

듯 많은 사본들이 발견된다. 현재 삼 백여 개 이상의 다양한 라틴어 사본들이 남아 있는데, 전승 과정에서 곳곳에 가필된 부분이 많아 원문을 확정하는 것은 쉬운 일이 아니다. 《규칙서》 본문에 대한 비평적 연구는 19세기 후반에 들어서 시작되었다. 일반적으로 고대 라틴어 사본들은 문서가 시작하는 첫 단어에 따라 '아우스쿨타^{Ausculta}'와 '옵스쿨타^{Obsculta},' 두 그룹으로 구분되어 명명되어왔다. 중세시대에는 이 두 그룹의 사본을 적절히 조합하여 주석을 단 '공인본문$^{Textus\ Receptus}$'이 사용되기도 하였다.

《규칙서》 각 장의 구분은 모든 사본에 나타나며, 절의 구분은 17세기부터 시작되어 1947년에 안셀모 렌티니$_{Anselmo\ Lentini}$에 의해 본격적으로 활용되었다. KIATS '기독교 영성 선집'도 이 기준을 따랐다. 중세 기독교 문학의 일반적인 특징을 반영하듯, 규칙서에는 약 300여 개 이상의 성서본문이 직간접적으로 인용되었다. 물론 베네딕트는 성경본문을 문자 그대로 인용하거나 출처를 표기하지 않았다. 오히려 수도사들이 보다 쉽게 낭독할 수 있도록 운율을 살리기도 했다. KIATS '기독교 영성 선집'에서는 독자들에게 필요하다고 여겨지는 경우에만 성경 인용의 출처를 담았다. 우리는 이 《규칙서》의 한글 번역과 연구를 위해 지금까지 나온 많은 라틴어와 영어 번역을 참조했다. 동시에 믿을만한 비평본인 아달베르트^{Adalbert de Vogüé}가 편집한 *La Règle de Saint Benoît: Introduction, Traduction, et Notes par Adalbert de Vogüé: Texte Établi et Présenté par Jean Neufville* (Paris, Éditions du Cerf, 1972)와 프라이^{Timothy Fry}가 편집한 *RB1980: The Rule of St. Benedict in Latin and English with Notes* (Collegeville, Minnesota: Liturgical Press, 1981)의 도움을 받았다.

권혁일, 김재현

주요 참고문헌

1차 문헌

Fry, Timothy 편. *RB1980: The Rule of St. Benedict in Latin and English with Notes*. Collegeville, Minnesota: Liturgical Press, 1981.

Gregory the Great. *The Life of Saint Benedict*. Hilary Costello, Eoin de Bhaldraithe 역. Petersham, Massachusetts: Bede's Publications, 1993.

Lentini, Anselmo. S. *Benedetto, La regola: testo, versione e comment*. 제2판. Montecassino: Pisani, 1980.

McCann, Justin. *The Rule of Saint Benedict in Latin and English*. London: Burns and Oates, 1952.

Penco, Gregorio. S. *Benedicti Regula: introduzione, testo, apparati, traduzione e commento*. Florence: La Nuova Italia, 1958.

de Vogüé, Adalbert 편. *La Règle de Saint Benoît: Introduction, Traduction, et Notes par Adalbert de Vogüé: Texte Établi et Présenté par Jean Neufville*. Paris, Éditions du Cerf, 1972.

2차 문헌

강치원. 『베네딕트 규칙서』에 나타난 렉시오 디비나.《선교와 신학》제19권 (2007): 187-220.

김봉수. 『베네딕트 규칙서』에 나타난 수도원이념에 관한 연구. 《總神大論叢》제16권 (1997): 249-290.

Casey, Michael. *Strangers to the City: Reflections on the Beliefs and Values of the Rule of St. Benedict*. Brewster, Massachusetts: Paraclete Press, 2005.

Ladrigan-Whelpley, Theresa. "Benedict of Nursia (c.480– c.547), Rule." *Christian Spirituality: The Classics*. Arthur Holder 편. New York: Routledge, 2009: 62–73.

Merton, Thomas. *The Rule of Saint Benedict: Initiation into the Monastic Tradition 4*. Collegeville, Minnesota: Liturgical Press, 2009.

Stewart, Columba. *Prayer and Community: The Benedictine Tradition*. Maryknoll, New York: Orbis Books, 1998.

Swan, Laura. *The Benedictine Tradition: Spirituality in History*. Collegeville, Minnesota: Liturgical Press, 2007.

de Waal, Esther. *A Life Giving Way: A Commentary on the Rule of St. Benedict*. Collegeville, Minnesota: Liturgical Press, 1995.

| 야간기도 Vigils | **〈주일 야간기도-확장형〉**

개회구절
시3편 + "아버지께 영광을" (Gloria)
시94편 + (후렴)
암브로시우스의 찬미
시편송 6편 + 후렴
교독문
봉독1 + 응답송
봉독2 + 응답송
봉독3 + 응답송
봉독4+ 응답송 + "아버지께 영광을"
시편송 6편 + "알렐루야"
서신서 봉독
교독문
봉독5 + 응답송
봉독6 + 응답송
봉독7 + 응답송
봉독8+ 응답송 + "아버지께 영광을"
선지서 찬미 3곡 + "알렐루야"
교독문
강복선언 (수도원장)
신약성서 봉독1 + 응답송
신약성서 봉독2 + 응답송
신약성서 봉독3 + 응답송
신약성성 봉독4+ 응답송 + "아버지께 영광을"
"여호와여, 우리가 당신을 찬양하나이다" (수도원장)
복음서 봉독 + "아멘" (회중)
"당신께 영광을" (수도원장)
강복선언 (수도원장) |

〈겨울철 주중 야간기도-기본형〉

개회구절: "주여 내 입술을 열어 주소서 내 입이
주를 찬송하여 전파하리이다" (3회 반복)
시3편 + "아버지께 영광을" (Gloria)
시94편 + (후렴)
암브로시우스의 찬미
시편송 6편 + 후렴
교독문
강복선언 (수도원장)
봉독1 + 응답송
봉독2 + 응답송
봉독3+ 응답송 + "아버지께 영광을"
시편송 6편 + "알렐루야"
서신서 봉독
교독문
호칭기도: "주여, 자비를 베푸소서"
(Kyrie eleison)

〈여름철 주중 야간기도-축약형〉

개회구절
시3편 + "아버지께 영광을" (Gloria)
시94편 + (후렴)
암브로시우스의 찬미
시편송 6편 + 후렴
교독문
강복선언 (수도원장)
구약성서 봉독 + 응답송
시편송 6편 + "알렐루야"
서신서 봉독
교독문
호칭기도: "주여, 자비를 베푸소서"
(Kyrie eleison)

* 주일 야간기도 시편송은 〈시편〉 20편부터 시작하며, 항상 모든 시편송의 수가
 시편 3편과 94편을 제외하고 12편 미만이어서는 안 됨.

* 겨울철: 11월 1일부터 부활절까지, 여름철: 부활절부터 11월 1일까지,

* 여름철은 밤이 짧으므로 순서가 줄어들고, 주일에는 순서가 많으므로 일찍 일어나야 함.

* 성인들의 축일과 모든 엄숙한 날에는 주일 야간기도의 순서를 따라야 함.
 단 시편송, 응답송, 봉독은 그날에 적합한 것을 함.

**도표로 본 성무일도

		주일	월요일	화요일
새벽기도 Lauds		시117, 62편 젊은 세 남자의 찬송 시148-150 계시록 봉독+응답송	시5, 35편 선지서 찬송 시148-150 서신서 봉독+응답송	시42,56편 선지서 찬송 시148-150 서신서 봉독+응답송
				호칭기도
낮기도				개회 구절: "하나님이
	제1시 기도 Prime	시118편(1-4) + (후렴) + "아버지께 영광을"	시1, 2, 6편 + (후렴) + "아버지께 영광을"	시7, 8, 9(1)편 + (후렴) "아버지께 영광을"
				호칭기도:
	제3시 기도 Terce	〈시편〉 본문 외에 모든 순서가 제1시 기도와 동일함		
		시118편(5-7)	시118편(14-16)	시119-121편
	제6시 기도 Sext			〈시편〉 본
		시118편(8-10)	시118편(17-19)	시122-124편
	제9시 기도 None			〈시편〉 본
		시118편(11-13)	시118편(20-22)	시125-127편
저녁기도 Vespers				(시작
		시109-112편 + 후렴	시113-116, 128편 + 후렴	시129-132편 +
				호칭기도
마지막기도 Compline				(시작
		시4, 90, 133편	시4, 90, 133편	시4, 90, 133편
				호칭기도

수요일	목요일	금요일	토요일
시66편			
+"알렐루야			
시63,64편 선지서 찬송 시148-150 신서 봉독+응답송	시87,89편 선지서 찬송 시148-150 서신서 봉독+응답송	시75,91편 선지서 찬송 시148-150 서신서 봉독+응답송	시142편 신명기 찬송+"아버지께 영광을" 시148-150 서신서 봉독+응답송

로시우스의 찬미
  교독문
복음서 찬송
  호칭기도
여 자비를 베푸소서"(Kyrie eleison)			

도움이 되소서, 주님 속히 나를 도우소서" 전례에 적합한 찬미			
, 10, 11편 + (후렴) 아버지께 영광을"	시12, 13, 14편 + (후렴) + "아버지께 영광을"	시15, 16, 17(1)편 + (후렴) + "아버지께 영광을"	시17(2), 18, 19편 + (후렴) + "아버지께 영광을"
봉독 독문 비를 베푸소서"(Kyrie eleison)			
시119-121편	시119-121편	시119-121편	시119-121편
순서가 제1시 기도와 동일함			
시122-124편	시122-124편	시122-124편	시122-124편
순서가 제1시 기도와 동일함			
시125-127편	시125-127편	시125-127편	시125-127편
대한 특별한 언급이 없음)			
34-137편 + 후렴	시138-140편 + 후렴	시141, 143, 144(1)편 + 후렴	시144(2)-147편 + 후렴
독 + 응답송 로시우스의 찬미 교독문 복음서 찬송 여 자비를 베푸소서"(Kyrie eleison) 주님의 기도			
대한 특별한 언급이 없음)			
시4, 90, 133편	시4, 90, 133편	시4, 90, 133편	시4, 90, 133편

적합한 찬미
  봉독
  교독문
비를 베푸소서"(Kyrie eleison)강복선언			